O PEQUENO PRÍNCIPE
PARA GENTE GRANDE

Roberto Lima Netto

O PEQUENO PRÍNCIPE PARA GENTE GRANDE

6ª EDIÇÃO

Rio de Janeiro | 2024

CIP-BRASIL. CATALOGAÇÃO-NA-FONTE
SINDICATO NACIONAL DOS EDITORES DE LIVROS, RJ

	Lima Netto, Roberto-
L699p	O pequeno príncipe para gente grande / Roberto
6ª ed.	Lima Netto – 6ª ed. – Rio de Janeiro: Best*Seller*, 2024.

Inclui bibliografia
ISBN 978-85-7684-107-4

1. Saint Exupéry, Antoine de, 1900-1944. O pequeno príncipe. 2. Vida espiritual na literatura. 3. Auto-
consciência. I. Título.

05-3879
CDD: 843
CDU: 821.133.1-3

Texto revisado segundo o novo Acordo Ortográfico da Língua Portuguesa.

Título
O PEQUENO PRÍNCIPE PARA GENTE GRANDE
Copyright © 2005 by Roberto Procópio de Lima Netto

Editoração eletrônica: Abreu's System
Ilustrações de miolo: Elmo Rosa

Todos os direitos reservados. Proibida a reprodução,
no todo ou em parte, sem autorização prévia por escrito da editora,
sejam quais forem os meios empregados.

Direitos exclusivos desta edição reservados pela
EDITORA BEST SELLER LTDA.
Rua Argentina, 171, parte, São Cristóvão
Rio de Janeiro, RJ – 20921-380

Impresso no Brasil

ISBN 978-85-7684-107-4

Seja um leitor preferencial Record.
Cadastre-se e receba informações sobre nossos lançamentos e nossas
promoções.

Atendimento e venda direta ao leitor
sac@record.com.br

Sumário

Prefácio		7
Introdução		9
CAPÍTULO 1	Adultos não entendem nada	14
CAPÍTULO 2	O encontro no deserto	17
CAPÍTULO 3	O Velho Sábio	19
CAPÍTULO 4	Está na Bíblia	26
CAPÍTULO 5	A cobra explica tudo	29
CAPÍTULO 6	Ser como criança	34
CAPÍTULO 7	Prometeu e a jornada do homem	40
CAPÍTULO 8	Ícaro, o dono do Sol	47
CAPÍTULO 9	Uma conversa com dr. Jung	52
CAPÍTULO 10	O deserto ensina	58
CAPÍTULO 11	As lições esquecidas	61
CAPÍTULO 12	O homem precisa crescer	65

CAPÍTULO 13	Vida vazia	72
CAPÍTULO 14	O caminho de Dante	76
CAPÍTULO 15	A noite de São João	80
CAPÍTULO 16	A história de Khidr	86
CAPÍTULO 17	Encontro com o divino	89
CAPÍTULO 18	Cuidado com os baobás	96
CAPÍTULO 19	Sem lugar para gente grande	99
CAPÍTULO 20	Saudades de uma flor	103
CAPÍTULO 21	De volta ao seu planeta	109
CAPÍTULO 22	A busca de Parsifal	113
CAPÍTULO 23	Mãe devoradora	120
CAPÍTULO 24	Quando o sonho termina	127
CAPÍTULO 25	A história de Jó	131
Epílogo		137
Pequena bibliografia comentada		139

Prefácio

Roberto Lima Netto é um homem de grande criatividade. Sempre um passo à frente da maioria das pessoas, ele mostra neste livro como conversar com seu inconsciente usando o método da Imaginação Ativa desenvolvido pelo reconhecido analista suíço Carl Gustav Jung. Por esse método, podemos ter um diálogo bastante criativo com a parte mais sábia do nosso inconsciente, o Self, no livro personificado pelo Velho Sábio.

Jung constatou também que todos nós temos, nos mais profundo recanto do inconsciente, um espírito guia, um "Daimon". Se conseguirmos desenvolver um diálogo com esse Daimon, encontraremos resposta para as questões cruciais da existência. O Daimon de Exupéry é o Pequeno Príncipe, que traz consigo todos os atributos do arquétipo da criança – a criatividade, a renovação constante, a visão do mundo com olhos ingênuos e a capacidade de se maravilhar com o universo. Afinal, ser criativo, sem os bloqueios dos adultos, limitados pelos conhecimentos que acumularam ao longo da vida.

No mundo atual, de competição avassaladora, de dúvidas existenciais profundas, nada melhor do que aprendermos a conversar com nosso Daimon na busca de um pouco de *Eu-*

daimonia – que significa "felicidade" em grego. Com certeza o Daimon vai nos mostrar o melhor caminho para alcançarmos sucesso em nossa vida, mas, principalmente, para sermos felizes.

PAULA PANTOJA BOECHAT
Diretora e fundadora da Associação Jungiana do Brasil, médica formada pela UFRJ e autora do livro Terapia familiar, mitos, símbolos e arquétipos

Introdução

O *PEQUENO PRÍNCIPE* É UM LIVRO LEVE E PROFUNDO. É leve para crianças, que ficam fascinadas pelas histórias singelas do admirável personagem principal, e profundo porque, como toda obra de arte, pode ser lido por diferentes ângulos; é passível de interpretações. Traz-nos lições de vida.

Ao apresentar nossas interpretações, vamos buscar paralelos em diversos mitos e toda também na Bíblia. Para evitar que algumas pessoas possam se ofender com o tratamento leve que é dado a Deus, quero deixar claro que, sempre que a Ele me referir neste livro, estou tratando do Deus psicológico, o Deus que habita nossa mente inconsciente, da imagem de Deus que cada um – mesmo os agnósticos – traz dentro de si. O Deus máximo, o Deus incognoscível da religião cristã, o Allah dos mulçumanos, o Ain Soft da tradição cabalística estão muito além do alcance de nossa mente e não podem ser discutidos pela racionalidade humana. Volto a repetir: não é a esse Deus máximo que me refiro, mas ao Deus psicológico, entendido como a "Ideia de Deus" que habita em nossa mente, comum a toda humanidade, em qualquer tempo ou lugar. Por isso, não existem razões para que os religiosos se ofendam com as considerações que, neste livro, faço sobre Deus.

O escritor, mesmo quando narra situações nunca vivenciadas por ele, revela seu interior. Em seus personagens, suas ações e aventuras, ainda que de um modo simbólico, expõe motivos que encontra em sua vida interior. Assim, para podermos penetrar mais profundamente nos ensinamentos dessa obra-prima de Antonie de Saint-Exupéry, devemos conhecer um pouco dee sua história de vida.

Saint-Exupéry nasceu em 1900, na França. Filho de família aristocrática, viveu sua infância em uma linda casa de campo. Em meio às mulheres, paparicado pela mãe, pelas irmãs mais velhas, por duas tias e duas governantas, Saint-Exupéry tinha tudo para ser feliz. Porém, sua vida foi, desde o início, marcada por tragédias. Aos quatro anos de idade, seu mundo começou a se tingir de cores escuras com a morte de seu pai, privando-o, assim, de um modelo masculino. Além disso, sofreu, aos 17 anos, a perda do irmão, três anos mais novo. Para completar, entre estes dois acontecimentos trágicos eclodiu a Primeira Guerra Mundial, que sacudiu toda a Europa.

Muito embora sua angústia tenha se agravado nos idos de 1942-1943, quando escreveu *O pequeno príncipe*, esse sentimento esteve presente durante toda sua vida. Um autorretrato, desenhado em nanquim, aos 17 anos, é a expressão dessa angústia. Quase todo em preto, com a mão tapando o rosto, trata-se de uma autêntica imagem da depressão.

Saint-Exupéry não parecia gostar de gente grande. Já no início do seu livro deixa isso claro. Desculpa-se por dedicá-lo a Léon Werth, "uma pessoa grande", e sugere que, na realidade, está dedicando o livro à criança que Léon já fora.

Seu casamento não foi feliz. A esposa tinha um gênio difícil, e o seu não era melhor. Por isso, pouco convivia com ela, sempre procurando desculpas para sair em viagem. Preferia postos remotos, no meio do deserto, como o que ocupou por tempo considerável no deserto da África do Norte, em Cape Julie. Sua função era socorrer os pilotos que caíam no deserto. Parece que, salvando outros pilotos da morte, ele queria se salvar. Este era o tipo de vida que o atraía, longe dos adultos.

Entre 1939, no início da Segunda Guerra Mundial, lutou pela França como capitão da Força Aérea. Com o colapso de seu país, foi desmobilizado, indo morar nos Estados Unidos. Tentou, então, com seus escritos, despertar os americanos para a defesa da democracia, ao mesmo tempo em que se angustiava pela falta de união dos próprios franceses. Foi esta, talvez, a época mais amarga de sua vida, apesar do sucesso cada vez maior de seus livros. Saint-Exupéry não conseguia entender o desinteresse dos Estados Unidos pela defesa da democracia e a falta de visão desse povo em relação a Hitler, encarando-o como um problema exclusivamente europeu, que não poderia afetar os americanos. Foi preciso um Pearl Harbour para lhes mostrar que a questão era mundial.

Por que um garoto tão privilegiado na infância, apesar das tragédias que viveu, tornou-se um adulto amargo e desiludido com as pessoas grandes? Muitos vivem tragédias até maiores do que a dele e conseguem dar a volta por cima, mas não Saint-Exupéry. Ele viveu infeliz com a esposa, triste durante sua estada em Nova York, frustrado por não conseguir que os franceses se unissem na luta contra os nazistas e também pela indiferença americana à guerra. Mesmo em suas horas de maior glória, decorrente de seus livros, que o tornaram uma celebridade, Antoine sentia-se sozinho e infeliz.

Só nos céus ele parecia se realizar. Voando, arriscando a vida, caindo no deserto da Líbia, quando, em 1935, tentou fazer em tempo recorde o voo Paris-Saigon e precisou caminhar durante cinco dias pelo deserto até ser salvo por uma caravana que passava. Só assim Saint-Exupéry, representando o papel de herói, era feliz.

Saint-Exupéry não era um escritor prolixo. Em 1931, publicou *Voo noturno* e, em 1939, *Terra dos homens*. Entre eles, somente alguns artigos. Logo depois, vem *Piloto de guerra*, seguido de *O pequeno príncipe*, cuja primeira edição foi lançada nos Estados Unidos em 1943. Ele já obtivera êxito com seus livros anteriores, mas, com sua obra-prima, o sucesso foi estrondoso.

Saint-Exupéry voltou à Europa quando os americanos aderiram à guerra. Tentou entrar na Força Aérea, mas foi recusado devido à idade. Usando de sua influência, acabou sendo aceito para voar. Morreu em missão de guerra em 1944, antes que *O pequeno príncipe* fosse publicado em francês.

O ser humano vive diversas crises ao longo da vida. As primeiras, as crises do nascimento e da infância, ainda que deixem marcas profundas em nosso inconsciente, não são percebidas pela mente racional que, nessa idade, está em formação. A crise da adolescência, contudo, é diferente, pois já é reconhecida pela mente racional, ainda que de forma um pouco confusa. A próxima grande crise, a da meia-idade, encontra o ser humano com suas faculdades racionais bem mais desenvolvidas. Essa crise que, provavelmente, Saint-Exupéry não havia ultrapassado quando escreveu *O pequeno príncipe*. Mas, aos 43 anos, quando publicou essa obra-prima, não teria conseguido superar tal fase? Sim e não. Pessoas como Saint-Exupéry, com um apego muito grande à juventude, têm dificuldades para vencer essa etapa da vida, dificuldades para aceitar sua condição adulta, vivendo um eterno estágio infantil, ou, como C. G. Jung chamou, estado de *puer aeternus*. Um exemplo, na mitologia grega, seria Dionísio, o deus do vinho e do êxtase divino.

No livro, o narrador é um aviador que caiu no deserto. Ele é, simbolicamente, o próprio Saint-Exupéry. Por tal motivo, vamos chamá-lo de Antoine de deixá-lo abrir seu coração para nós.

Capítulo 1

Adultos não entendem nada

BOM DIA, SOU ANTOINE, JÁ VIVI 43 ANOS, MAS TENHO medo de me tornar gente grande. Gente grande não se define pela idade, mas por um estado de espírito. Por que esse medo? Vocês vão entender quando lhes contar minha história. Quer dizer, espero que entendam. Com gente grande, nunca se sabe...

Estamos no ano de 1943. A Europa passa por uma fase difícil. A Segunda Grande Guerra segue seu curso. Acabei de escrever meu livro mais famoso, *O pequeno príncipe*, que alcançou sucesso imediato.

A França foi engolida por Hitler. Não surpreende, portanto, que me lembre da jiboia de minha infância, desenho que fiz aos seis anos de idade e que até hoje me traz muitas recordações. Afinal, neles, ainda que de maneira simbólica, desnudei minhas angústias mais profundas e também abri meu coração e minha alma, penetrando a fundo em seus lugares mais escuros, em suas cavernas mais ameaçadoras, arriscando-me a reencontrar a jiboia, que me perseguia desde criança.

Depois do desenho da jiboia, fiz um outro, também de uma jiboia, que havia acabado de engolir um elefante.

Lembro-me de haver mostrado esse último desenho a muitas pessoas adultas, perguntando-lhes:
– Você tem medo do meu desenho?
– Medo de um chapéu?

Esta era a resposta que invariavelmente recebia e que me deixava desanimado. Os adultos não entendem nada. Será que não veem que o desenho mostra uma jiboia digerindo um elefante?

Lembro-me bem do meu medo de criança, medo que até hoje me acompanha: será que, quando eu crescer, vou deixar de ver o mundo como ele é? Vou ficar cego como esses adultos, que não veem a jiboia engolindo meu elefante? Será que vou precisar explicar tudo, em detalhes, para que os adultos compreendam? Acho que vocês, mesmo os adultos, já podem começar a entender meu drama.

Além do medo de me tornar um adulto, sentia-me temeroso por outro motivo. Mesmo se tratando de apenas um desenho, pressentia que algo aconteceria em minha vida. Eu temia, na verdade, ser engolido pela jiboia quando crescesse. O elefante é um animal forte, mas que pode ficar raivoso quando amedrontado ou ferido. Eu me julgava forte, mas também dado a raivas frequentes. Será que meu "eu gente grande" era o elefante? Ou era o herói, que não tem medo, que responde aos desafios com raiva? De qualquer modo, tinha de fugir da jiboia. Precisava fugir dela ou, como herói, enfrentá-la. Meus Deus! Salve-me do confronto com a jiboia.

Capítulo 2

O encontro no deserto

COM TODOS ESSES PENSAMENTOS NA CABEÇA, EU VIVIA SO-zinho no mundo, com poucos amigos até o dia em que meu avião sofreu uma pane do deserto do Saara. Isso aconteceu há seis anos. Alguma coisa quebrara no motor. Eu estava preocupado. Será que morreria no deserto? Não sabia, então, que viveria o episódio mais maravilhoso de toda a minha vida.

Estava no deserto, a muitos quilômetros de qualquer povoado. Absolutamente só. Perdido! Isolado! Não seria possível tentar consertar meu avião à noite.

Embora com muito medo, não havia alternativa senão esperar pela claridade do dia. Dessa forma, preparei-me para dormir. Deitei-me na areia, em cima de um cobertor que estendi, e cobri-me com outro. A areia ainda estava quente, mas, em pouco tempo, sabia que seria abraçado pelo frio seco do deserto.

Qual não foi minha surpresa quando ouvi uma vozinha de criança. Abri os olhos, assustado. Um menino de cabelos dourados, com uma echarpe amarela no pescoço, vestido como um pequeno príncipe, estava ao meu lado. Levantei-me surpreso e sentei em minha cama improvisada. No princípio, não entendi o que me dizia, Ele teve que repetir:

– Será que o senhor me desenha um carneiro?

– Um carneiro?

– É. Eu preciso de um carneiro.

Desenhar? Eu não sabia desenhar. Depois de minha experiência infantil, quando ninguém conseguia enxergar a jiboia do meu desenho, parei de tentar. Mas tinha meu desenho no bolso esquerdo e, tentando evitar fazer o carneiro que ele me pedia, dei-lhe minha jiboia.

Para minha surpresa, ele retrucou:

– Isto não é um carneiro. É uma jiboia engolindo um elefante. Eu quero um carneiro. Onde moro não cabe um elefante, e jiboia é um bicho muito perigoso.

Aquela resposta me deixou perplexo. Foi então que comecei a pensar. Deveria tentar voltar a ser criança? Eu temia me tornar um elefante e ser engolido pela jiboia. Mas como conseguiria? Mesmo não acreditando que meu pequeno amigo tivesse respostas para essas difíceis questões, resolvi tentar. Afinal, tratava-se de uma pessoa tão diferente! Talvez pudesse me salvar. Adivinhando meu pensamento, ele falou:

– Não sei como você pode voltar a ser criança, mas podemos perguntar ao Velho Sábio. Ele sabe tudo.

– Mas... não conheço o Velho Sábio e, ainda que o conhecesse, estamos muito longe de qualquer lugar habitado.

– Vê-se mesmo que você é gente grande. Nem sabe chamar o Velho Sábio.

– Vendo minha cara de espanto, ele continuou:

– Feche os olhos, preste atenção em sua respiração e relaxe, pois vou fazer o mesmo. Vamos chamar o Velho Sábio.

Capítulo 3

O Velho Sábio

AINDA SEM ACREDITAR MUITO EM MEU AMIGUINHO, RE-solvi tentar. Depois de alguns minutos, talvez uns cinco ou dez, ouvi sua vozinha em meu ouvido:

– Pode abrir os olhos, Antoine. O Velho Sábio já chegou.

Para meu espanto, tão logo abri os olhos, encontrei, sentado à minha frente, um velho, muito velho, com longas barbas brancas, que parecia ter a idade do mundo. E olhos negros que, quando me olhavam, pareciam ler dentro de mim, e através de mim, e ver todo o universo, e chegar ao infinito.

Antes que me recuperasse de meu espanto, ele disse:

– Então, você quer ver de novo a jiboia com elefante na barriga? Não quer ser como os adultos, que só veem o chapéu?

Fiquei espantado com seu conhecimento dessas coisas, mas, ao mesmo tempo, animado. Quem tanto sabia certamente teria condições de me ajudar.

– Como posso voltar a ser criança? – perguntei logo ao Velho Sábio, antes mesmo de cumprimentá-lo.

– Tem certeza de que é bom ser criança?

Que pergunta boba! Será que esse velho é tão sábio assim?

– Mas claro! Quando eu era criança não tinha as preocupações de adulto.

– Você teve uma infância feliz?

– Eu vivi algumas tragédias, mas sempre consegui trancá-las dentro de minha mente, em suas cavernas mais profundas, evitando pensar nelas. E sempre era possível não lhes dar atenção, quando subiam com muita força, tentando libertar-se das prisões em que as colocava, desviando meus pensamentos para brincadeiras com meus amiguinhos imaginários.

O Velho Sábio fitou-me com seus olhos profundos. Não sei se ele acreditava no que eu dizia. Parecia ver, refletidos naqueles olhos negros, os dramas de minha infância. Parecia enxergar aqueles fantasmas em meu interior, querendo escapar das prisões artificiais que eu criara. Não desejava continuar falando de minhas desgraças infantis, e ele, talvez percebendo meu desconforto, não insistiu.

– O que você pensa que é ser criança? Você quer ser um bebê, absolutamente ligado e dependente da mãe?

– Bem, não sei realmente responder. Mas acredito que este seja o estado de maior felicidade que um ser humano possa atingir.

– Como? Sendo inconsciente? Responda: uma pessoa que não tem o que comer mas que vive em um casebre onde, sem que ela saiba, está enterrado um grande tesouro é pobre ou rica?

Aquela pergunta me pegou de surpresa. Levei algum tempo para pensar na resposta:

– Acho que é pobre, pelo menos até achar o tesouro.

– O mesmo é válido para o bebê. Como ele pode ser feliz se não está consciente disso, se não tem consciência de si mesmo?

Cocei a cabeça.

– Bem, nesse ponto o senhor tem razão. Porém, ele pode não estar consciente de sua felicidade, mas também não conhece sua infelicidade, seus medos, suas angústias.

– Quem não viveu também não tem consciência disso.

– É mesmo. Talvez eu não devesse ter nascido.

– Isso é uma situação que você não pode mudar. Você tem de concordar que a raça humana não teria condições de sobreviver sem ultrapassar esse estágio de bebê, de dependência absoluta da mãe. É preciso que o bebê, o ser humano, se torne um indivíduo separado da mãe. Que cresça forte, independente.

– E infeliz – adicionei. – Não quero ser bebê, apenas criança, como meu amiguinho aqui.

– Talvez isso você já seja.

– Como? Já encontrei até uns fios de cabelo branco em minha cabeça. Arranquei-os todos!

O Velho Sábio deu um sorriso e continuou:

– A criança, logo nos primeiros estágios de vida, começa a se reconhecer como uma coisa à parte, com os conceitos do eu e do meu se formando.

– Agora o senhor complicou. O bebê não sabe que é uma pessoa?

– Não. Ele se sente como uma parte da mãe. O reconhecimento da separação, de que é um ser separado e independente, não ocorre enquanto ele é muito novo. À medida que cresce, desenvolve seu lado consciente e passa a se ver como uma pessoa separada individual. No entanto, ainda mantém uma ligação fácil com o seu Self.

Parei ara pensar:

– Agora o senhor complicou mais ainda. Self? Que é isso?

– Bem, para simplificar, digamos que seja o seu lado divino. O Self contém toda a sabedoria da humanidade, acumulada através dos tempos. Nele, estão também os seus instintos. O Self é a totalidade.

– A totalidade? É um conceito de difícil compreensão.

– Claro! É difícil entender seu lado divino. O cérebro humano acumulou, ao longo dos séculos, toda a experiência adquirida pela humanidade.

Eu não podia acreditar no que ouvia.

– Tudo isso está dentro do cérebro humano? Do meu também?

– Claro! De todos os seres humanos.

Vendo minha cara de incredulidade, o Velho Sábio continuou:

– Para que se compreenda melhor, o Self pode ser dividido em duas partes: o inconsciente coletivo, que engloba todas as experiências pelas quais a humanidade passou, através dos muitos séculos que o homem habita a Terra, e o inconsciente pessoal, que consiste nas experiências acumuladas durante sua vida. É claro que, no recém-nascido, o inconsciente pessoal é inexistente, pois ainda é um quadro em branco, sem nada registrado. Porém, desde os primeiros minutos de vida, o bebê tem sensações e as acumula em seu inconsciente pessoal. Alguns acham que essas sensações já se fazem presentes no feto, no interior do ventre materno.

Era difícil acreditar em tudo o que ouvia, mas o Velho Sábio transmitia muita sinceridade, e o Pequeno Príncipe anuía com a cabeça, em sinal de aprovação. Será que eu já era muito adulto para entender tudo isso? Resolvi insistir com minha dúvida.

– O senhor quer dizer que nascemos com toda a sabedoria da humanidade dentro de nós? E sabemos disso?

– Nascemos, sim; sabemos, não. Toda essa sabedoria está no inconsciente, e só poderemos ter acesso a algumas partes dela quando nos tornarmos conscientes delas. É claro que nunca conseguiríamos ter consciência de todas as informações acumuladas em nosso inconsciente coletivo. Só de uma pequena parte.

– É difícil acreditar nesse tal de inconsciente coletivo.

– Você pode até questionar a abrangência do inconsciente coletivo, mas não sua existência.

– Por que não?

– Como você pode explicar que o homem e os animais já nasçam com os instintos dentro de si? Isto é parte do nosso inconsciente coletivo e prova que ele existe.

– Tá bem... os instintos, eu aceito, mas toda a sabedoria acumulada da humanidade?

– Entendo sua dúvida. Freud também teve problemas com esse ponto. A existência de um inconsciente coletivo com tal amplitude foi o pomo da discórdia entre Freud e seu discípulo Jung, a razão da briga entre ambos. Freud não aceitava esse conceito tão amplo do Self. Mas admitia a existência dos instintos e do inconsciente pessoal.

– Será que Freud não tinha razão? Quem colocou dentro da cabeça do bebê toda a experiência da humanidade?

– A mesma pessoa, ente ou força que colocou os instintos. Se preferir, você pode chamar esse ente de Deus. Não podemos negar a existência dos instintos. Jung chegou à conclusão de que nosso inconsciente é mais vasto que os instintos e desenvolveu sua teoria de um inconsciente coletivo amplo depois de estudar as imagens que surgiam nos sonhos de seus pacientes psicóticos, na clínica em que trabalhava.

– É difícil acreditar que nascemos sabendo tudo – repeti.

– Cuidado! Saber não seria bem o termo correto. Tudo isso está em seu inconsciente, e o homem não pode ter acesso a essa informação a não ser em sonhos, ou em estado de meditação profunda. Somente quando ele se tornar consciente, quando seu ego começar a se formar, lhe será possível conhecer alguns aspectos do seu Self, conscientizar-se de algumas partes dele. Não da totalidade que o Self engloba. Como disse, o Self é o seu lado divino.

– É difícil acreditar que tudo isso esteja dentro de nosso cérebro. Se estivesse, não seria lógico que eu soubesse tudo?

O Velho Sábio fez uma pausa, talvez pensando em como expor melhor aquele enigma.

– Acho que posso explicar melhor. Se você fosse dono da maior biblioteca do mundo – disse ele –, seria o homem mais sábio do mundo?

– Só se eu conseguisse ler todos os livros.

– Ler, compreender e assimilar. Para entender bem como seu relacionamento com o Self funciona, imagem que, dentro de você, existem vários armários, cheios de conhecimentos. Porém, você não tem todas as chaves. À medida que encontra uma chave, você tem acesso à sabedoria guardada naquele armário.

– Não é possível achar todas as chaves, ou seja, conhecer tudo o que o Self contém?

– Não! Não! Se isso acontecesse, você seria um Deus.

Aquela conversa estava se tornando complicada. Porém, eu ouvia uma vozinha, dentro de mim, sussurrando que o Velho Sábio poderia me ajudar.

– Como se forma o ego? – perguntei.

– No princípio, o bebê não tem noção de que é um ente separado de sua mãe. Com o passar do tempo, ele começa a ter noção do eu, do meu. Começa a sentir que é uma pessoa distinta da mãe. É o início da formação do seu ego.

– Então, o ego é a pessoa.

– O ego é uma parte da pessoa. É o seu lado consciente. Enquanto criança, o diálogo de seu ego com o lado divino é muito fácil. Com o desenvolvimento da consciência, seu ego tende a se afastar do Self, e o diálogo entre os dois fica mais difícil.

– Por que o ego precisa se afastar do divino? – perguntou o Pequeno Príncipe, que até então ouvia calado.

– Para se consolidar, para se estruturar. Muito próximo do Self, o ego é como o menino que não pode crescer porque não larga a saia da mãe.

O Velho Sábio fez outra pausa, talvez para deixar suas palavras penetrarem em minha mente.

– O que devo fazer para ser criança como o meu amigo aqui, o Pequeno Príncipe, que sabe ver os desenhos como eles são?

– Calma! Esta é a grande pergunta que o homem deve fazer.

– Então me responda logo e meu problema estará resolvido.

– Vou lhe dar a resposta. Porém, antes você precisa entender como o homem ganha consciência. A tomada de consciência é uma das maiores realizações dos seres humanos, retratada de várias formas na mitologia universal. A Bíblia, como não poderia deixar de ser, também trata desse problema quando, no Gênesis, descreve a expulsão de Adão e de Eva do Jardim do Éden.

– O que tem a Bíblia a ver com a tomada da consciência? – perguntou o Pequeno Príncipe.

O Velho Sábio parou, antes de responder.

Capítulo 4

Está na Bíblia

ACOMPANHEI O OLHAR DO PEQUENO PRÍNCIPE E FITEI O céu escuro, pintado de pontos brilhantes que piscavam, como se quisessem me transmitir uma mensagem. Que mensagem? Será que quando eu era criança entendia o que as estrelas queriam transmitir?

Vendo meu olhar no infinito, o Pequeno Príncipe falou com certa nostalgia na voz:

– O lugar de onde vim é tão pequeno que nem mesmo aparece no céu. Gostaria tanto de vê-lo! Eu queria mostrar-lhe meu asteroide.

Como o Velho Sábio, imerso em seus pensamentos, parecia esquecido da minha pergunta, eu a repeti:

– O que a Bíblia tem a ver com nossa tomada de consciência?

– Tudo. A Bíblia pode ser lida como uma história mitológica do desenvolvimento do ser humano ao longo dos séculos. Você se lembra do Gênesis, da parte que trata da expulsão de Adão e de Eva do Paraíso?

– Bem... mais ou menos.

– Aquela parte em que a serpente leva a maçã para Eva. Jeovah tinha dito que Adão e Eva poderiam comer os frutos de todas as árvores do Paraíso, menos daquela que estava bem no meio, cujo fruto faria com que conhecessem o bem e o mal.

– E por que Deus não queria que eles conhecessem o bem e o mal?

– Sobre isso falaremos daqui a pouco. O fato é que, tão logo experimentaram a maçã, tomaram consciência de que estavam nus. Note bem. Isso é importante. Antes de comerem a fruta proibida, eles nem mesmo se davam contam de que estavam nus. Eles não tinham consciência disso. Viviam no estágio de recém-nascidos, sem qualquer consciência. O bebê não sabe se está nu porque não tem consciência de sua nudez.

– Confesso – declarei – que nunca entendi bem essa parte da Bíblia. Comendo a maçã, Adão e Eva conheceriam o bem e o mal. Isso me parece uma coisa boa. Yahweh deveria incentivá-los a comer a maçã.

– Comendo a maçã – continuou o Velho Sábio –, Adão e Eva tiveram consciência de que estavam nus, coseram folhas de figueira e fizeram cintas para si. É o que diz a Bíblia. Eles deixaram de ser bebês, deixaram seu estado de inconsciência. Em outras palavras, o ego foi criado, a noção de eu e meu. Eles começaram a se reconhecer como entidades separadas das árvores e dos animais do jardim. Romperam a relação simbiótica entre o ego e o Self, passaram a ser conscientes. Antes, nem mesmo se apercebiam de sua nudez, não estavam *conscientes* disso.

– Mas, sem consciência, você também não sofre.

– Não sofre e não vive. Os budistas dizem que, mesmo sendo consciente, se você não desejar nada, nunca será infeliz. O que o torna infeliz são seus desejos não realizados.

– Como posso atingir esse estado de não desejo?

– Ah! Este é o problema. O que os budistas pregam é um estado consciente de não desejo. Isto exige um treinamento de longos e longos anos, que busca exatamente torná-lo totalmente consciente, ou, pelo menos, altamente consciente.

Outra pausa, esta mais longa, me deu tempo para pensar nas palavras do Velho Sábio.

Capítulo 5

A cobra explica tudo

O Velho Sábio, sentindo que seus ensinamentos eram complexos, resolveu explicar melhor:

– Voltando ao Gênesis, poderíamos imaginar um diálogo de Adão e Eva com Yahweh. Seria mais ou menos assim:

– Vocês comeram a fruta proibida – disse Yahweh. – Vocês desobedeceram à minha ordem.

– Mas Senhor – disse Eva, enquanto Adão, mudo de medo, tentava esconder-se atrás dela, buscando sua proteção, como se Eva fosse um escudo vivo –, por que pusestes esta árvore em nosso jardim?

– Nosso não, meu jardim. Porque sou Yahweh e faço o que quero. E, por essa desobediência, ireis morrer.

– Isso não é justo, Senhor.

Antes que Eva continuasse, Yahweh a interrompeu:

– Quem julga o justou ou o injusto sou eu. Não discuta comigo.

Eva não queria desistir.

– Vós fizestes o homem à sua imagem e semelhança, incapaz de resistir às tentações. O senhor quer nos matar, mas acho que lucraria mais assistindo a todo espetáculo que nós, e nossos descendentes, faremos na Terra. Para isso, o Senhor precisa nos deixar sobreviver.

Yahweh ficou um instante pensativo. Ele parecia tentado. Mas dera sua palavra. Como resolver a situação?

– Não se esqueçam de que sou Yahweh. Sei de tudo. Conheço o passado, o presente e o futuro. Conheço até mesmo essa mania de querer me questionar. Um tal de Jó, muitos séculos mais tarde, também vai fazer isso.

– Tenho certeza de que o Senhor não nos matará, pois a curiosidade de ver o que nós e nossos descendentes faremos na Terra é muito grande, e o Senhor não vai resistir a ela.

– Eu, Yahweh, sou onisciente. Já sei de tudo.

– Muita gente vai ao cinema para ver o mesmo filme duas vezes, se gostar dela – argumentou Eva.

Yahweh pensou, pensou. Continuava indeciso. Afinal, não poderia descumprir sua palavra, mas, como predisse Eva, não conseguia vencer a tentação. Com sua onisciência, sabia que aqueles humanos fariam coisas inacreditáveis na Terra e, mesmo ciente do que aconteceria, queria assistir àquele filme ao vivo.

– O que vocês vão fazer? – perguntou por perguntar, já que Ele sabia tudo.

Novamente, foi Eva quem respondeu:

– O Senhor gosta de filmes de guerra. Vamos promover as maiores matanças jamais vistas nesse mundo.

– Como jamais vistas? O mundo ainda nem bem começou.

– É o que eu digo. Vamos matar gente à beça e, o que é melhor, sempre em Seu nome.

Mas uma vez o Senhor ficou indeciso. Depois de alguns minutos, falou:

– Vocês estão expulsos do meu Jardim, e levem a cobra junto.

Adão e Eva, acompanhados da cobra, estavam passando pela porta do Jardim, guardada por um querubim armado, quando Yahweh ainda gritou:

– A que horas começa o filme?

Depois de caminharem por alguns quilômetros, Adão, representante do sexo forte, agora recuperado de sua tremedeira, disse:

– Eva, você é maluca? Isso lá são modos de provocar o Senhor?

– Ora, ora, Adão. Enquanto você se divertia dando nome aos animais, eu estudava. Caiu-me nas mãos um texto gnóstico que explica tudo. O Senhor não é lá essas coisas, não. Ele é um semideus mau, que criou a Terra, seus bichos e nós dois para se divertir. Queria que ficássemos inconscientes para sempre. Graças à cobra, a quem devemos reverenciar sempre, estamos adquirido consciência.

– Mas e as guerras que você prometeu ao Senhor?

– Isso será um estágio passageiro na Terra. Quanto mais cedo o ser humano adquirir consciência plena, mais cedo poderemos ter paz e tranquilidade.

– E como faremos para adquirir essa tal de consciência? – perguntou Adão.

Eva ficou embaraçada. Sua atitude professoral mudou. Ela tomou uma postura menos ereta e coçou a cabeça. A cobra, que ouvia tudo calada, interveio:

– A luta para ganhar consciência acontecerá dentro da cabeça de cada ser humano. É uma tarefa difícil e, enquanto vocês não a realizarem, a Terra não será um paraíso.

– Mas... precisaremos nós, todos os seres humanos, vencer essa batalha interna, antes que a Terra se salve? – perguntou Adão.

– Sim. Porém, aqueles que conseguirem isso, mesmo que seus vizinhos ainda não o tenham conseguido, atingirão o reino dos céus.

– Mas... onde fica esse tal reino, essa terra da promissão? – perguntou Eva.

– Isso – disse a cobra – vocês irão descobrir depois de muitos e muitos séculos. Um de seus descendentes, chamado Jesus, virá à Terra para lhes ensinar. E Ele dirá, e suas palavras ficarão registradas no Evangelho de Tomás: "Se aqueles que os chefiar lhes disser: 'Veja, o reino está no céu!', então os pássaros do céu vão precedê-los. Se falarem: 'Está no mar!', então os peixes vão precedê-los. Ao contrário, o reino está dentro de você e fora de você."

Adão e Eva olharam um para o outro.

– Não consigo entender – falaram quase em uníssono. – Como é possível que esse lugar esteja, ao mesmo tempo, dentro e fora de nós?

A cobra voltou a falar:

– Jesus falará, e isso também será registrado no Evangelho de Tomás: "Quando vocês chegarem a se conhecer, então serão conhecidos e saberão que são filhos do Pai verdadeiro. Mas, se não se conhecerem, então vão existir pobreza, e vocês serão a pobreza."

– Como você sabe de tudo isso? – perguntou Adão à cobra.

– Como Eva, eu também li muito. Muito mais do que ela. Essas palavras de Jesus estão trancadas a sete chaves, mas eu consegui entrar na biblioteca de Yahweh e ler muitos livros. Com meu corpo de cobra, posso penetrar em buracos estreitos. Yahweh nunca pensou que alguém poderia ter acesso à sua biblioteca, sempre trancada, mas eu fui um visitante assíduo.

– Então, nossos filho e netos, quando conhecerem esse tal de Jesus, estarão salvos? A Terra toda será um Jardim do Éden?

– O que o faz pensar que será tão fácil assim? Não se esqueça de que os seres humanos foram criados à imagem e à semelhança de Yahweh, Criador do mundo. Com todas as suas qualidades e todos os seus defeitos. Vão negar Jesus, ridicularizá-Lo, crucificá-Lo. Depois de tudo, suas palavras sobreviverão, mas muitos não acreditarão nelas. Esse mesmo Evangelho de Tomás não será reconhecido pela Igreja de Jesus.

– A Igreja de Jesus não vai reconhecer Suas palavras? – perguntou Eva, coçando a cabeça. – Não estou entendendo nada.

– Pois é. Os seres humanos são complicados. Não se esqueça de que vocês foram feitos à imagem e à semelhança de Yahweh.

Estas foram as últimas palavras da cobra, antes de perder a voz, que lhe foi retirada por Yahweh, incomodado com tantas verdades que ela ensinava aos homens, e que Ele, com sua onisciência, ouvia interessado. Afinal, pensou Ele, se os homens aprendessem tudo aquilo, a Terra seria um paraíso, e não haveria guerras nem desgraças, nem pobreza nem doença, e Yahweh perderia sua condição de "Salvador dos homens". Já que a cobra o enganara, entrando em sua biblioteca secreta, seu castigo seria ainda maior do que a expulsão do Jardim: ela ficaria muda por séculos e séculos.

Capítulo 6

Ser como criança

DEPOIS DE ME DAR ALGUNS MINUTOS PARA MEDITAR SObre a história bíblica e o teatrinho fictício, o Velho Sábio falou:

– Acabou a historinha. Então, você ainda quer ser uma eterna criança?

– Você não pode ter a maçã e comer a maçã – atalhou o Pequeno Príncipe.

– Não é verdade – disse o Velho Sábio –, até é possível. Mas esse é um processo de crescimento difícil. O objetivo de todo ser humano é voltar ao Jardim do Éden. Porém, de forma consciente. Sobre isso, falaremos mais tarde. Antes, preciso que você entenda outras coisas, para que minhas explicações façam sentido.

– Um ser humano pode conservar a espontaneidade da criança, sua capacidade de se maravilhar com o mundo, ao se tornar adulto? – perguntei.

Antes que ele respondesse, emendei com uma nova pergunta:

– Como podemos crescer sem perder nossa criatividade? E o sentimento de estar total e completamente vivo, que só as crianças podem experimentar? Como posso crescer sabendo que chapéu é chapéu e jiboia é jiboia?

– Guarde sua curiosidade. É sobre isso que quero falar mais tarde. Apenas tenha em mente que o homem não pode andar para trás, a menos que entre em parafuso, fique psicótico. Existem pessoas que buscam viver como eternas crianças, um *puer aeternus*. Coitadas! Vão pagar por isso com graves perturbações. Vão ser sempre infelizes, buscando o impossível, procurando Shangri-lá, lugar que nunca pode ser alcançado. Às vezes ficam frustradas, tão desesperadas, que até se suicidam.

– Agro não entendi nada. Ser criança é ruim?

– Não! A criança carrega consigo a criatividade, a espontaneidade. O errado é ser um *puer aeternus*, ser eternamente criança, sem ter consciência. Este, sim, é um estado problemático.

Nova pausa, para que eu pudesse refletir sobre aquelas palavras. Depois de alguns minutos, comentei:

– Na historinha que o senhor nos contou, Yahweh é mau. Essa é uma ideia que me choca.

– Yahweh é bom e mau. Ele é a totalidade.

– Mas Ele não queria que os seres humanos ganhassem consciência.

– Carl Gustav Jung, psicólogo e um dos maiores pensadores do século XX, dizia que somente quando o homem toma consciência de sua vida, ela é real. Caso contrário, é como se a vida não existisse. Por esse motivo, o Criador precisa que o homem seja consciente, ainda que Ele tente impedir que o homem como a maçã.

– Esta é uma ideia bem complicada. Acho que a Igreja não vai gostar dela.

– É verdade. Você vai entendê-la mais tarde, quando lhe explicar o caso de Jó. Jung também dizia que o propósito da vida humana é a criação da consciência. Esse fenômeno é chamado por ele de processo de individuação. O homem deixa de ser um ente coletivo indiferenciado e começa a se transformar em um indivíduo – in-divíduo = in-divisível –, único, coeso.

– Por que é pecado comer a maçã?

– Na ótica judaico-cristã, Adão e Eva cometeram pecados porque não seguiram as instruções de Yahweh. Eles são culpados de desobediência. Pecaram! Toda a humanidade – você, seu filho, seu pai – seria culpada por essa desobediência, e todos teriam nascido de castigo, amaldiçoados, já trazendo consigo o pecado original.

– Ah! O pecado original! Nunca entendi bem isso. Como um Deus justo pode cobrar dos descendentes, por todos os séculos, um pecado cometido há tanto tempo?

– Eu também não entendo – disse o Pequeno Príncipe.

Continuei, antes que o Velho Sábio falasse:

– Isso me lembra meus tempos de criança, quando tinha sete anos. Meu pavor de tomar injeção era enorme, Na verdade, só pude superar esse medo depois de adulto. Cada vez que tinha que receber esse castigo, xingava Adão e Eva, culpando-os por eu não estar vivendo no Jardim do Éden, onde nunca precisaria sentir a dor de uma picada de agulha. Então, sentia-me tremendamente injustiçado. Até discutia com o padre. Lembro-me bem da minha preparação para a primeira comunhão, quando achava que Deus não era justo.

O Pequeno Príncipe ouvia meu desabafo, apoiando com movimentos de cabeça o que dizia. Então, perguntei ao Velho Sábio:

– Será que Yahweh é um Deus justo?

– O que Eva falou na historinha que lhe contei realmente faz parte dos pesamentos gnósticos. Eles afirmaram que o mundo foi criado por um semideus, que queria manter a humanidade em estado de inconsciência. A serpente, que livrou o homem desse jugo, era adorada em sua religião. Eles a consideravam um animal sagrado, enquanto Yahweh era, para eles, um semideus mau.

– O senhor acredita nisso? Isso vai de encontro a tudo o que a religião cristã prega.

– Não estou falando de religião, mas da mente humana. Não confunda as duas coisas Não quero brigas com a Igreja.

– Mas... Yahweh era um Deus mau?

– Para quem quiser ler o Velho Testamento literalmente, como se de fato os episódios ali descritos se passassem no mundo real, Yahweh era um Deus que mandava matar e esfolar os inimigos do seu povo, mesmo mulheres e crianças.

– O senhor não me respondeu. Yahweh era um Deus mau?

– Isso é para você julgar – disse o Velho Sábio. – É interessante que a serpente, em algumas figuras antigas, aparece enrolada na cruz, simbolizando a figura de Cristo. Porém, lembre-se sempre de que estamos conversando sobre o Deus psicológico, sobre a imagem de Deus que está dentro de sua mente.

– Sempre me debati com com o problema da injustiça, de ter de pagar pelo pecado Adão e Eva. Esse foi meu enigma de criança, a causa de minha revolta contra eles. Por que devo pagar pelo que os dois fizeram? Afinal, eles são apenas meus tataravós de tataravós de tataravós! Realmente, isso é uma injustiça. Se Yahweh é um Deus justo, não deveria me penalizar pelo que meus antecessores fizeram.

– Se, quando você tinha sete anos, com o seu pavor de injeção, conhecesse esse mito gnóstico, acharia que o Criador do mundo era bom ou mau? – perguntou o Pequeno Príncipe.

Então, quem demorou a responder fui eu. Tinha que pensar, deixar aquelas ideias penetrarem fundo em minha mente. O Pequeno Príncipe e o Velho Sábio me olhavam calados, esperando pacientemente minha resposta.

– Confesso que esta visão gnóstica faz sentido.

– E está coerente com os modernos desenvolvimentos da psicologia – disse o Velho Sábio. – Por esse motivo, repito: esqueça temporariamente a religião. Aqui e agora, estamos falando de psicologia.

– E se o homem não comesse a maçã? – perguntou o Pequeno Príncipe.

– O homem – disse o Velho Sábio – tinha de comer a maçã, que lhe deu o conhecimento do bem e do mal, que o tornou consciente, que o fez saber que estava nu. O homem nasce com uma necessidade de ir em frente, viver a vida. Do mesmo modo que as águas do rio não podem parar, o homem precisa crescer.

– Por que não me explicaram isso antes? – perguntei, com certa indignação na voz.

– A queda do homem e a expulsão do Jardim do Éden são uma metáfora de um fenômeno bem real. Na vida, o mesmo fenômeno acontece quando o homem se transforma, deixando de ser um bebê inconsciente e passando a um estado de consciência crescente. Claro que isso não ocorre de uma única vez, como na mitologia do Gênesis. De pequenas em pequenas quedas, o bebê se separa da mãe, descobre o seu ego em etapas e se desenvolve para se transformar em um indivíduo único. Este é um processo demorado. Muitos seres humanos morrem sem completar o processo, sem saber quem são, sem se conhecer integralmente. Usando um termo junguiano, sem se individuar.

– E o que acontece com os que morrem antes de se tornarem totalmente conscientes?

– Os budistas acreditam na reencarnação e dizem que voltamos ao mundo por milhares e milhares de vidas até que estejamos totalmente conscientes.

Fiz uma pausa e voltei ao ponto que me preocupava:

– Quer dizer que nunca mais vou poder ser criança, atingir aquele estado de felicidade, de entendimento holístico do mundo?

– Calma! Não lhe disse isso. O processo não acaba aí. Senão, como explicar as palavras de Jesus, transcritas no Evangelho de Mateus 18-3: "Na verdade, eu vos digo que, se vós não fores como crianças, não havereis de entrar no reino dos céus."

– É – disse eu alegremente –, se Jesus nos mandar voltar a ser crianças, como posso obedecer a essa ordem?

– Meu amigo, não se apresse. Jesus não nos manda ser crianças, mas ser *como* crianças. Nossas lições estão apenas começando. Você não pode chegar do outro lado do rio sem atravessar a ponte. Ou você não entenderá nada.

– Mas, falando em rio, eu só tenho oito dias de água, aliás, agora sete. Já gastei um hoje.

– Sete dias, sete anos, sete séculos.

Com essa afirmação críptica, o Velho Sábio e o Pequeno Príncipe desapareceram, deixando-me sozinho com meus pensamentos. A noite já ia avançada. No dia seguinte, teria de trabalhar duro no conserto do avião. Era hora de dormir. Eu até mesmo esquecera meu medo. Um dia se passara; agora, só dispunha de água para sobreviver sete dias.

Capítulo 7

Prometeu e a jornada do homem

No dia seguinte, acordei cedo. Trabalhei duro, mas o defeito era mais complexo do que eu poderia imaginar. Cansado, tendo bebido um pouco mais do meu precioso líquido, com o Sol já escondido, deitei-me para dormir. Foi nessa hora que recebi pela segunda vez a visita do Pequeno Príncipe.

Logo que chegou, voltou a me pedir que lhe desenhasse um carneiro. Eu não sabia desenhar carneiros. Tentei. Meu amiguinho não gostava de nenhum de meus desenhos. Finalmente, fiz o desenho de uma caixa, com furos de ventilação, e lhe disse que o carneiro estava lá dentro.

Meu amiguinho pegou a caixa, olhou através de um dos furos e um largo sorriso iluminou seu rosto. O Pequeno Príncipe ficou feliz. Nessa hora, juntou-se a nós o Velho Sábio. Olhando meu desenho, ele virou-se para mim e disse:

– Será que você se sente preso dentro de uma caixa, como o seu carneiro?

Aquela pergunta me chocou. Tinha de confessar para mim mesmo que era exatamente assim que eu me sentia. Desde que deixei de ser criança, nunca mais consegui reaver a liberdade que tivera, brincando despreocupadamente nos campos que circundavam a casa em que morava. Eu queria ser criança para poder viver de novo aquele estado quase paradisíaco.

O Velho Sábio continuou a me pressionar, sem esperar resposta à sua pergunta.

– Será que toda vez que você é desafiado a fazer algo difícil, como desenhar um carneiro, sente-se sufocado? Será que isso o leva a ultrapassar seus limites em voos arriscados?

Como não lhe respondia, ele continuou:

– Isso seria uma reação esperada de um *puer aeternus*.

Nova pausa. Ainda sem qualquer resposta minha, o Velho Sábio relaxou a pressão, mudando de assunto.

– Em nossa conversa de ontem, falei-lhe do processo de tomada da consciência, simbolizada pela expulsão de Adão e Eva do Jardim do Éden. Mas existem outros mitos, de diferentes culturas, que tratam do mesmo tema da tomada da consciência. O mito de Prometeu é um deles.

– Quem é Prometeu? – perguntou o Pequeno Príncipe, alegre, antecipando uma nova historinha.

– Prometeu era filho de um Titã e criou os seres humanos, esculpindo-os com barro. A deusa Atena, sua amiga, soprou no barro o espírito divino, e o homem ganhou vida. Prometeu ficou satisfeito com a sua criação e passou a trabalhar para que eles se tornassem cada vez melhores. Os homens se multiplicaram e ocuparam a Terra. Os deuses, vendo isso, ficaram com receio de que os homens os superassem.

– Será que os homens poderiam ser maiores do que os deuses? – perguntou o Pequeno Príncipe.

– Este era o receio deles. Prometeu gostava de sua criação e queria que os homens progredissem sempre. Como ele era encarregado de dividir, entre homens e deuses, a carne dos sacrifícios de animais, arquitetou um plano para dar a melhor parte aos homens.

– Você quer dizer que ele tentou enganar os deuses?

– Exatamente. Preparou dois sacos. Em um deles, colocou os ossos dos animais e, em cima, um pouco de gordura, que era um alimento muito apreciado pelos deuses. Cheio de ossos, esse saco ficou bem maior do que os outros. Achando que o saco estava cheio de gordura e carne, os deuses o escolheram, deixando o outro, que continha a carne, para os homens.

– Ah, ah, ah! Ele enganou os deuses – disse o Pequeno Príncipe.

– Zeus ficou furioso e decidiu punir Prometeu. Mas Prometeu fez coisa pior, o que aumentou a raiva de Zeus. Os homens não tinham o fogo. Era o que lhes faltava para seu aperfeiçoamento, para poderem se comparar aos deuses. O domínio do fogo. Isso, Zeus não lhes permitia ter.

– Já sei – disse o Pequeno Príncipe. – Prometeu deu o fogo aos homens.

– Exatamente. Só os deuses possuíam o fogo. Desobedecendo a Zeus, Prometeu roubou o fogo e o levou aos homens. Zeus, ainda mais furioso, aplicou-lhe um castigo terrível. Mandou que prendessem Prometeu em uma pedra no Cáucaso e, todos os dias, para seu tormento, Zeus ordenou que uma águia se alimentasse de seu fígado, que, durante a noite, se recompunha. E, para castigar os homens, para confundir e evitar que se tornassem maiores que os deuses, Zeus lhes enviou uma linda mulher, Pandora.

– Ah! Já ouvi essa história. A caixa de Pandora – disse o Pequeno Príncipe –, mas conta de novo.

– A caixa trazia em seu interior os problemas, doenças, sofrimentos, pestes, guerras e dificuldades que até então não existiam na Terra.

– Bonita história. Mas o que tem ela a ver com o mito do Jardim do Éden? – perguntei ao Velho Sábio.

Antes que ele respondesse, o Pequeno Príncipe falou:

– Vamos chamar Prometeu para nos explicar.

Fiz uma cara de espanto:

– Esse cara morreu há muitos séculos.

Para minha surpresa, em menos de um segundo, vindo como se fosse do nada, Prometeu estava entre nós, sentado, de pernas cruzadas, a meu lado. Ele era um sujeito grande, muito grande. Tinha uma barba preta, que parecia não ver uma tesoura há muito tempo. Em sua barriga, na região do fígado, ele tinha um grande curativo. Parece que adivinhou minha dúvida, pois foi logo respondendo:

– Os homens e os deuses comiam juntos, em um estado de harmonia semelhante à situação de Adão e Eva no Jardim do Éden. O ego do homem ainda não existia, e o Self dominava soberano. Este é o estado do bebê. A carne recebida simboliza a energia psíquica que fortalece o ego, que inicia, então, sua caminhada para se diferenciar do Self. O homem começa a adquirir consciência.

– Você se arriscou muito – disse o Pequeno Príncipe.

– Eu sou responsável pelos humanos. Afinal, eles são criação minha, são meus filhos. Tenho certeza de que, quando conseguirem se desenvolver espiritualmente, podem ser melhores do que os deuses.

– Melhores do que os deuses??? É difícil acreditar nisso, vendo todas as desgraças do mundo. Agora mesmo, estamos em uma guerra imbecil, homem matando homem aos milhares – disse eu.

– Mas é verdade. Os deuses não têm consciência. Não conseguem distinguir o certo do errado. Por isso, são amorais.

– Os deuses são amorais?

– Ora, leia as histórias mitológicas, gregas, egípcias, orientais. O que você me diz do Yahweh do Velho Testamento? Veja só o que os deuses fazem e me diga se não tenho razão.

– Mas o homem também, com tantas matanças, com tantas guerras, não pode ser considerado melhor do que os deuses.

Prometeu respirou fundo e, com toda convicção, declarou:

– Os homens vão ser melhores do que os deuses porque estes não têm consciência. Isto pode levar séculos e séculos, mas tenho certeza de que vai acontecer. Então, todos os meus sofrimentos serão justificados.

– Mesmo com esses horrores do mundo de hoje? – perguntei.

– Este é um estágio infelizmente necessário na evolução humana. Quando os homens atingirem um estado de consciência plena, o reino dos céus estará implantado na Terra. Os homens serão melhores do que os deuses – voltou a insistir Prometeu.

– Quanto tempo isso vai demorar? Estamos novamente no meio de um aguerra que vai destruir milhares de pessoas.

– Muitos e muitos séculos, já lhe disse. Não sei quanto tempo esse processo pode durar, mas tenho certeza de que os seres humanos poderão voltar, conscientes, ao Jardim do Éden. Veja bem: voltar *conscientes*. Tentei abreviar esse tempo de espera, esse tempo de desgraças, dando-lhes o domínio do fogo.

O Velho Sábio comentou:

– O fogo simboliza o domínio da consciência. Por isso, Prometeu e os homens foram punidos. Lembre-se de que, no mito do Éden, Yahweh também não queria que o homem ganhasse consciência. Zeus e Yahweh. Os dois tentam manter o homem em seu estado inconsciente.

Dirigindo-se a Prometeu, o Pequeno Príncipe falou:

– Você foi muito corajoso. Fez a mesma coisa que a cobra no Jardim do Éden.

– Se conseguir que a humanidade se torne consciente, meu sacrifício não terá sido em vão, e tenho convicção de que isso é uma questão de tempo.

– Será mesmo? – perguntei. – A humanidade parece que está piorando.

– Não é verdade. A perspectiva de um ser humano é muito curta. Sua vida dura menos de um século. Esse tempo é breve, considerando que a evolução humana dura muitos milhares de séculos.

– Mesmo assim. Essa guerra terrível que estamos vivendo. Esse Hitler, que parece ter feito um pacto com o demônio.

– Posso afirmar a você, olhando não em anos mas em séculos, que a humanidade está evoluindo. Não se esqueça de que, na Idade de Ouro da Grécia antiga, bebês do sexo feminino eram expostos na rua, com a finalidade de que morressem ou fossem adotados. E muitos morriam. Nessa mesma Idade de Ouro, o homem tinha poder de vida ou de morte sobre seus escravos.

– E – perguntou o Pequeno Príncipe – como vai seu fígado?

Antes que ele respondesse, o Velho Sábio falou:

– Um aspecto interessante é que o fígado de Prometeu é consumido durante o dia e restaurado à noite, período em que cada um de nós retorna ao estado de inconsciência, ao estado original em que nascemos. Outro ponto importante, presente no mito do Jardim do Éden e no de Prometeu, é que os deuses consideram a busca da consciência um crime.

– Realmente – disse Prometeu –, eles não querem que o homem adquira consciência, porque sabem que, quando isso acontecer, ele será maior que os deuses, porque estes não têm consciência.

– Talvez seja uma grande pretensão dos seres humanos querer sair do estado original do inconsciência, um pecado que os gregos consideravam com *hybris* – disse o Velho Sábio.

– *Hybris*? Você pode me explicar isso? – pediu o Pequeno Príncipe.

– Claro! *Hybris* é um estado de arrogância em que o homem se esquece de sua condição humana e acha que pode tudo. Acha que é Deus. Para exemplificar, vou lhe contar o mito de Ícaro.

Capítulo 8

Ícaro, o dono do Sol

PROMETEU SE LEVANTOU:
— Vou ter de me retirar. A águia me espera, e já deve estar impaciente com o meu atraso. Acho que não sou mais necessário aqui, e preciso voltar para a minha prisão. Zeus vai ficar furioso se não estiver lá quando o Sol raiar.

O Velho Sábio se despediu de Prometeu e começou a contar sua história:

— Dédalo era ateniense. Teve problemas em sua cidade e fugiu, buscando asilo na ilha de Creta, governada pelo rei Minos.

— Qual foi o seu problema? — perguntou o Pequeno Príncipe, com sua curiosidade insaciável.

— Ele era um arquiteto e escultor famoso, o mais importante da Grécia. Porém, Talo, filho de sua irmã e discípulo do próprio Dédalo, começou a desenvolver um talento ainda maior do que o dele. Reconhecendo o gênio do rapaz e morrendo de inveja, Dédalo o matou. Descoberto o crime, pelo qual seria condenado à morte, fugiu para a ilha de Creta.

— E não foi preso?

— O rei Minos o recebeu de braços abertos, pois sua fama de grande arquiteto já havia se espalhado até a ilha. Por ordem do rei, Dédalo construiu o labirinto.

– O que era o labirinto? – perguntou o Pequeno Príncipe, que, embora adorasse ouvir as histórias do Velho Sábio, sempre o interrompia com perguntas.

– Era um palácio cheio de corredores e caminhos falsos. Dizem que quem lá entrava nunca mais conseguia sair.

– Qual era a vantagem de ter um palácio de onde não se podia sair?

– É uma longa história. Minos, rei de Creta, havia prometido a Poseidon, deus dos mares, que sacrificaria em sua honra o primeiro animal que nascesse em sua ilha. Poseidon, então, mandou-lhe, saído do fundo do oceano, um touro branco, lindíssimo. Minos, ao ver a beleza do animal, não cumpriu sua palavra, pois queira usá-lo como reprodutor de seu rebanho.

– Enganar os deuses? – perguntou o Pequeno Príncipe. – Vai se dar mal. Prometeu que o diga.

– De fato, Poseidon resolveu castigá-lo, fazendo com que sua esposa se enamorasse do touro, e da união dos dois nasceu o Minotauro, monstro com cabeça de touro e corpo de gente. Para esconder sua vergonha, o rei mandou Dédalo construir o labirinto. O monstro ficava preso nesse palácio e se alimentava de seres humanos levados para ali em sacrifício, de onde não conseguiam sair.

– E nenhum deles matava o monstro? – perguntou, mais uma vez, o Pequeno Príncipe.

– Calma, essa é a história de Teseu. Deixe-me contar a história de Dédalo e seu filho Ícaro, para explicar o significado de *hybris*. Dédalo, depois de viver alguns anos em Creta, resolveu voltar para Atenas. Provavelmente, julgava que seu problema com a justiça de sua cidade já houvesse sido esquecido. Mas, apesar da grande admiração que o rei nutria por ele, ou talvez por causa disso, não lhe era permitido deixar a ilha de Creta.

Dédalo, um artista criativo, depois de estudar com cuidado o voo dos pássaros, construiu asas para si e para seu filho, Ícaro, usando penas de pássaros, que abundavam na ilha, e colando-as com cera. Com elas, puderam voar e deixar a ilha. No meio do oceano, Ícaro, entusiasmado com seu poder do voar (*hybris*), resolveu subir até o Sol.

– Será que ele queria ser dono do Sol? – perguntou o Pequeno Príncipe. – Melhor seria se fosse menos ambicioso e tivesse escolhido um asteroide como o meu. Há tantos vazios no céu!

O Velho Sábio riu e continuou:

– O calor derreteu a cera que prendia as penas, e Ícaro caiu, morrendo no mar.

– Em certo sentido, foi feita justiça. Dédalo matou Talo, o filho de sua irmã, e teve seu próprio filho morto pelos deuses – disse o Pequeno Príncipe.

Depois de contar a história, o Velho Sábio sugeriu que chamássemos Ícaro para a nossa roda. Em menos de um segundo, ele estava entre nós. Depois das apresentações de praxe, Ícaro falou:

– Já sei que vocês estão me criticando. É sempre assim. Porém, quero lembrar a vocês que isso ocorre na vida de todo ser humano. Meu castigo, a morte, foi maior porque Zeus queria me usar como exemplo.

– Como você pode dizer com tanta certeza que todo ser humano vive essa situação? – perguntei.

– Você, por exemplo – disse ele olhando para mim. – Quantas vezes você se sentiu melhor do que todos os outros? E quantas outras vezes você achou, ainda que por um breve instante, que poderia realizar tudo? Quantas vezes achou que era um semideus? E quantas vezes teve decepções por causa disso? Se fizer um exame de consciência, tenho certeza de que não faltaram ocasiões em sua vida em que você fez o que eu fiz, ou seja, chegou mais perto do Sol. Achou que era um semideus e se queimou.

Ícaro fez uma pausa e continuou:

– Digamos que eu tenha me sentido como você se sentiu com o sucesso de seu último livro. Dono do mundo. Eu só queria o Sol.

Pensei um pouco e tive de concordar com Ícaro. O grande sucesso de meus livros me davam essa sensação de poder tudo. É verdade que era uma situação passageira – bem depressa eu quebrava a cara.

Depois de me dar um tempo para absorver aqueles ensinamentos, Ícaro se despediu, pegou suas asas e já se preparava para alçar voo quando o Pequeno Príncipe lhe perguntou:

– Você não tem medo de voar?

– O homem vem nessa vida para aprender. Eu não voo mais perto do Sol.

Depois que Ícaro se retirou, o Velho Sábio voltou a falar.

– Os mitos que simbolizavam o processo de separação falam de queda, de exílio, de tortura perpétua ou de ferimentos que não se curam. Para que este estado doloroso seja curado, o ego precisa se afirmar, adquirir mais consciência. O homem tem de se tornar um indivíduo, sem perder, no entanto, a ligação com o Self. Já conversamos sobre dois mitos: o Jardim do Éden, que teve sua origem no Oriente Médio, e o mito grego de Prometeu. Quero lhe contar um outro mito, de região completamente diversa. Um mito dos índios da América do Norte.

– Conta, conta – falou o Pequeno Príncipe, pulando e batendo palmas.

– Os povos antigos viviam debaixo da terra, perto de um lindo lago. Certa vez, uma grande vinha cresceu sobre o seu lar.

Uma raiz da vinha chegou até a vila do povo subterrâneo. Alguns dos mais corajosos escalaram-na até o mundo superior.

– Mas isso não é queda, é subida – falou o Pequeno Príncipe.

– É a busca de luz, dos fogo, da consciência – disse eu, querendo mostrar o Velho Sábio que estava entendendo tudo. – O simbolismo é semelhante.

– Quando esses exploradores voltaram, contaram para seu povo que o mundo lá de cima era mais bonito do que poderiam imaginar. Cheio de luz. Havia peixes, animais e lindas flores. Na mesma hora, várias pessoas começaram a subir a vinha. Todas queriam chegar ao novo mundo.

– E a raiz aguentou esse peso todo?

– Quando uma mulher obesa começou a subir, a raiz arrebentou, deixando metade do povo no subsolo, onde permanece até hoje. Dizem os índios que, quando morremos, nos reunimos com nossos primos sob a terra.

– O deus dos índios deve ser melhor do que Yahweh. Pelo menos não os puniu por buscar a luz – disse o Pequeno Príncipe.

Após uma pausa, o Velho Sábio continuou:

– Mais um avez, temos, em um mito de uma civilização completamente diferente, a imagem da queda e a busca de uma subida para a consciência, para a luz. O homem sai das trevas do subsolo para a luz, para a consciência. O homem sai da inconsciência e atinge a consciência.

Eu estava cansado, depois de um dia duro de trabalho. Dormi pensando nos mitos de tomada de consciência. Por que a vida do homem tinha de ser tão complicada?

Capítulo 9

Uma conversa com dr. Jung

No dia seguinte, acordei com os primeiros raios de Sol. Olhei em volta e não encontrei nem o Pequeno Príncipe nem o Velho Sábio. Bem, pensei, melhor assim, pois posso consertar meu avião.

Trabalhei duro o dia todo, consumindo mais uma parte de meu suprimento de água. Quando o Sol começou a se esconder e eu, cansado, parei de tentar consertar meu avião, sentei-me no chão de areia, ainda quente, para descansar.

Então, pensei: "Será que fiquei sozinho na vida, tentando ser criança, sem entender que não posso continuar assim para sempre, que tenho de crescer? Seria esta a razão por que acabei no deserto?"

Nesse momento, olhei para o leste e vi, ao longe, caminhando em minha direção, meu amiguinho, de mãos dadas com o Velho Sábio. Estava ansioso para conversar com eles. Durante meu dia de trabalho, meditara muito sobre o que o Velho Sábio me falara e tinha muitas perguntas a fazer. Tão logo se acomodaram ao meu lado, observei:

– Depois da conversa com Ícaro, entendi o significado de *hybris*, mas ainda estou tentando adivinhar como ela funciona dentro de minha cabeça.

O Velho Sábio respondeu:

– *Hybris*, que em termos psicológicos chamaríamos de inflação, ocorre quando o homem tenta se apropriar de um poder que pertence aos deuses.

Fiquei um momento em silêncio, tentando absorver aquela sabedoria que me era oferecida.

– Confesso que estou confuso. Já é difícil entender todo esse processo de tomada da consciência que o senhor descreve. Agora, o senhor vem com essa história de que queremos roubar os deuses. Será que o senhor poderia fazer um resumo que organizasse melhor essas ideias?

– Eu poderia lhe explicar tudo, mas acho melhor chamar um especialista.

– Quem?

– Ora, o próprio dr. Jung, sobre quem já lhe falei. Espere um pouco.

O Velho Sábio tirou do bolso uma pedra redonda, de um azul forte, que tinha um brilho interno quase ofuscante. Colocou-a no ouvido e falou, em uma língua que eu nunca ouvira, com alguém do lado de lá. Depois de alguns segundos, ele voltou a colocar a pedra no bolso:

– Falei com a dra. Paula, amiga do dr. Jung. Ele não pode vir no momento, porque está em um seminário e, justamente agora, Deus está falando. Se pudermos esperar pelo próximo intervalo, ele virá com o maior prazer.

– Gostaria tento de conhecê-lo. Quanto tempo ele disse que demoraria?

– Talvez uns dois séculos.

– Dois séculos?

– É. Ele disse que sabe que o homem não tem tanta paciência. Mesmo assim, proponho que esperemos por ele. Como já disse, no mundo espiritual, dois séculos nada representam.

De fato, dois minutos depois, medidos por meu relógio de bolso, o dr. Jung estava sentado na areia conosco.

– O senhor voa mais rápido do que a velocidade da luz – perguntou-lhe o Pequeno Príncipe.

Quem respondeu foi o Velho Sábio:

– Os cientistas acham que a maior velocidade que existe é a da luz. Eles se esquecem do pensamento.

Depois de expor minhas dúvidas, o dr. Jung falou:

– O homem nasce em um estado em que seu ego está completamente absorvido pelo Self. Seu ego ainda não existe.

– É o estado do bebê; o Velho Sábio me falou.Esta parte, eu entendi bem.

– À medida que ele vai tomando consciência de que é uma pessoa separada da mãe, no momento em que se dá conta do conceito do "eu", seu ego é criado e começa a se afastar do Self. É o estado da criança. A partir de então, seu ego se aproxima e se afasta do Self, e, a cada vez que chega perto, absorve um pouco mais dele. Conscientiza-se um pouco mais. Este processo continua, em um caso normal, do nascimento até a morte.

– Por que o ego se aproxima e se afasta do Self? – perguntei.

– O ego não pode ficar muito tempo perto do Self sem se arriscar a ser queimado. O Self é muito luminoso, é o nosso lado divino. Não se esqueça de Ícaro, que tentou chegar muito perto do Sol.

– Ah! Se ficar muito tempo perto do Self, meu ego se queima?

– Poderíamos dizer que o ego do homem normal caminha em uma espiral, aproximando-se e afastando-se do Self e, em um processo de crescimento, subindo sempre. Quando o ego está muito perto do Self, o homem pode sofrer de graus variados de inflação psicológica, achar que é Deus.

– Por que o estado da criança tem de ser deixado para trás? – perguntei.

– A nostalgia que os seres humanos têm do tempo de criança se explica porque é um período de grande percepção, de muita criatividade, em que o contato do ego com o Self ainda está muito próximo. Por isso, a criatividade da criança está à flor da pele. Este é também o estado do homem primitivo, vivendo em simbiose com sua tribo, em um estado descrito como *Participation Mystique*, termo cunhado pelo antropólogo Levy-Brühl para descrever a vida das civilizações primitivas – disse Jung.

– Essa nostalgia explica por que Rosseau cunhou o termo *noble savage* – completou o Velho Sábio.

– Diversos escritos mais recentes denotam também essa mesma nostalgia, como se o estado do homem primitivo, em contato com a natureza, fosse o estado perfeito.

– E não é?

– Dizem que a galinha do vizinho é sempre mais gorda. Se você conseguisse voltar a esse estado, descobriria que não é tão bom assim.

– Seria possível viver eternamente nesse estado depois da infância? – perguntou o Pequeno Príncipe, que também parecia preocupado em não se tornar gente grande. – Afinal – comentou ele –, se eu crescer, não vai existir espaço em meu pequeno planeta para mim.

– O adulto, tentando viver como se fosse criança, é o caso do *puer aeternus*. Muitos vivem nesse estado e morrem cedo ou ficam neuróticos. Não está na índole do homem deixar de buscar a ampliação da consciência. Sua jornada não pode parar. O homem precisa seguir seu caminho, e quem não obedecer à ordem de ir "em frente" será punido.

– Punido por quem?

– Sei lá. Pelo Self, talvez. Geralmente, pessoas que têm uma experiência de quase-morte e se conscientizam de que são mortais sentem uma urgência em se desenvolver, em conscientizar pedaços maiores do Self. Essas pessoas mostram um grande salto para a frente em seu desenvolvimento. O templo de Apolo, em Delfos, tem uma inscrição em sua porta de entrada: "Conheça-te a ti mesmo."

– O que tem a ver conhecer-se a si mesmo com o crescimento do homem? – perguntei.

– O Self é uma parte de você, está dentro de você. Ao absorver, ao se conscientizar de partes do Self, você está tomando consciência de si mesmo. Está se conhecendo.

– Ainda não está clara para mim a razão de não podermos nos tornar adultos mantendo nosso ego bem próximo do Self, em diálogo constante com ele.

– O Self é muito brilhante, é o divino dentro de nós. Seu brilho ofusca o ego, faz com que ele também se ache brilhante. Então, o ego pode entrar e estado de inflação.

– Pense em Ícaro tentando chegar perto do Sol – disse o Velho Sábio.

Dr. Jung continuou:

– Pense no Self como um professor e no ego como um aluno. O ego se aproxima do Self, pega sua lição e vai para casa, para longe do Self, para estudá-la, para praticá-la. Depois, aproxima-se novamente, para outra lição.

– E o que acontece se o ego, depois de se afastar do Self, romper qualquer contato com ele?

– Este é um estado de alienação psicológica. Sem um contato com o Self, sua própria razão de viver se esvai. Ele para de crescer, para de conhecer outras partes de si mesmo. É o que acontece quando estamos no deserto, um estado sobre o qual falaremos um pouco mais à frente. Nesse caso, para resolver o problema, a comunicação do ego com o Self tem de ser restabelecida. A permanência no deserto não pode ser eterna.

– Com meu avião quebrado, essa notícia de que a permanência no deserto não é eterna me deixa animado.

Todos riram de minha observação.

Capítulo 10

O deserto ensina

CONTINUEI, ENTÃO FALANDO SÉRIO:

– Como posso apressar esse diálogo com o Self?

– Calma. Não antecipe minhas explicações. Essa experiência de alienação, de cair no deserto, é necessária para que o ego sinta necessidade de voltar a se aproximar do Self. Trata-se do aluno em busca de novas lições. Se você não caísse no deserto, não encontraria o Pequeno Príncipe, nem eu, nem o dr. Jung – disse o Velho Sábio.

– Agora estou confuso. Se o ego chega muito perto do Self, é ruim; se fica separado, também. Inflação em um caso, alienação, no outro. Onde está o equilíbrio?

– No meio-termo, na ida e na volta, na aproximação e no afastamento cíclicos. Inflação ou alienação só são perigosas fora dos ciclos normais da vida, dos períodos em que deveriam ocorrer. É como se você fosse para a escola fora do horário de aulas. Não vai encontrar o professor.

– Isso é perigoso? – perguntou o Pequeno Príncipe.

– Sim, é perigoso caso se transforme em um estado estático, crônico, em vez de ser parte do dinamismo do desenvolvimento da consciência. Alguns povos antigos tinham o costume de isolar seus guerreiros vitoriosos, quando voltavam de batalhas, para evitar que, em estado de inflação, julgando-se invencíveis, semideuses, voltassem suas forças contra sua própria aldeia.

– Roma também – completei – proibia que as tropas, retornando de batalhas, cruzassem o Rubicão.

– No zen-budismo – disse o Velho Sábio – existem técnicas para controlar a inflação intelectual: os *koans*, perguntas enigmáticas que não podem ser respondidas pelo intelecto.

– Como você pode bater palmas usando somente uma das mãos? – indaguei.

– Batendo na parede, batendo a mão na perna – respondeu o Pequeno Príncipe.

– Isso não são palmas.

Dr. Jung fez uma pausa, dando-me tempo para absorver aquelas ideias. Depois de alguns minutos, perguntei:

– Como o senhor explica a função da religião nesse contexto?

– A religião é uma proteção coletiva contra a inflação e a alienação. Enquanto a Igreja estiver funcionando bem, a sociedade está protegida contra a inflação e a alienação. O problema que estamos vivendo no mundo ocidental é que os símbolos cristãos, que nos sustentaram por dois séculos, estão velhos, desgastados. Não servem mais para muitos dos indivíduos do século XXI. O homem moderno está cada vez mais individualista. Precisamos de novos símbolos, que sustentem o indivíduo nesse novo século, em que o individualismo atinge níveis elevados.

– Espera aí! Agora não entendi.

– A Igreja representa a religião coletiva. Os homens não podem ser indivíduos em relação a ela. Precisam vivenciar um estado de *Participation Mystique* e não podem ter uma relação pessoal, individual, com o Self. Esse individualismo cada vez maior do homem moderno levou Nietzsche a concluir que

59

"Deus está morto". Toda a energia psíquica, que era mediada pela Igreja, volta com força total para o indivíduo, o que pode causar sérios problemas naqueles que não estiverem preparados.

– Isso explicaria essa busca do homem ocidental, especialmente o jovem, pelas religiões do Leste?

– Sem dúvida. Mas o ideal seria que eles adotassem os métodos ensinados pelo Oriente em prol de seu crescimento individual. Não é bom que o homem procure, em uma nova religião, uma outra *Participation Mystique*. Ele deve buscar a individuação, ou seja, tornar-se um indivíduo com um ego separado do Self, mas em constante diálogo com ele.

– O que o senhor quer dizer com "métodos ensinados pelo Oriente"? – perguntou o Pequeno Príncipe.

– Acho que o Velho Sábio pode responder a esta questão melhor do que eu. Vou precisar retirar-me, pois o intervalo do seminário está acabando. Tenho de voltar para o céu. A conferência já vai recomeçar.

Capítulo 11

As lições esquecidas

DEPOIS DA DESPEDIDA E DA PARTIDA DO DR. JUNG, O VElho Sábio falou:

– A meditação é o grande ensinamento do Oriente. Em um estado de meditação profunda, nosso ego está em contato com o Self, com nosso lado divino. É interessante observar que esse método, hoje importado do Oriente, já foi usado pela Igreja.

– Já ouvi algo sobre isso. Os padres do deserto usavam a meditação para acalmar suas mentes, não é? – perguntei.

– Você parece que entende muito de deserto – disse, rindo, o Pequeno Príncipe.

– Exatamente – continuou o Velho Sábio – João Cassiano, um frade do século V, usava a meditação baseada em um mantra. Essa prática foi normalmente usada pela Igreja Cristã durante a Idade Média. Um livro clássico do Cristianismo, *A nuvem do desconhecido*, relata a meditação. No século XX, essa prática da meditação foi revitalizada na Igreja Católica pelo frade beneditino inglês John Main. Outro nome importante dessa corrente é o frade Bede Griffths, que fundou um *ashram* católico na Índia.

– E como eu posso meditar?

– Sugiro as instruções simples do livro de Main e também que faça uma pesquisa no *site* da World Community for Christian Meditation, para obter mais detalhes (www.wccm.org).

1. Sente-se, quieto e com a coluna reta.
2. Feche os olhos levemente.
3. Mantenha-se relaxado, mas alerta.
4. Silenciosamente, para si mesmo, comece a dizer uma palavra simples (John Main sugere a palavra Maranatha)
5. Recite as quatro sílabas no mesmo ritmo.
6. Ouça-a enquanto recita, gentilmente, mas de forma contínua.
7. Não pense ou imagine coisa alguma – seja espiritual ou não.
8. Pensamento e imagens que vierem à sua mente são distrações. Deixe-os de lado e volte para o recitar silencioso da palavra.
9. Medite cada manhã e cada noite, por um período de 20 a 30 minutos.*

– É difícil – disse eu – evitar que os pensamentos cheguem à sua mente.

– Sem dúvida. Mas não se preocupe, não se aborreça. Simplesmente, volte a recitar o mantra. Com o tempo, você vai conseguir atingir períodos maiores sem pensamentos. Especialmente, não se aborreça com os pensamentos e as imagens que lhe chegarem à mente. Afaste-os e volte ao seu mantra. Aborrecendo-se, você se distancia mais de seu centro, de sua paz interior.

---

* John Main. *The Inner Christ* (Darlon, Longman & Todd, 1987). Tradução livre.

– Posso meditar deitado, em vez de sentado?

– Desde que você não durma. O importante é manter a coluna reta.

– O que quer dizer Maranatha?

– Maranatha é uma antiga oração aramaica que significa "Venha, Senhor". Mas não é importante o significado da palavra que você escolher. Muitos indianos usam o OM. O importante é não pensar no significado. Não pense em nada; apenas ouça mentalmente o som.

O Velho Sábio deu-me tempo para absorver todos aqueles ensinamentos. Depois de alguns minutos, voltei a falar:

– Que caminho devo seguir para ganhar mais consciência, para absorver um pedaço maior do Self?

– O caminho é sempre individual. Vamos falar sobre isso, mais detalhadamente, em outra ocasião. Mas desde já advirto que é uma pergunta que não tem reposta. Qual é o nosso caminho? Talvez só mesmo os místicos saibam. Meister Johannes Eckhart, professor e místico alemão, que viveu entre 1260-1327, respondeu à sua pergunta da seguinte forma:

Saiba que, por natureza, toda criatura busca encontrar Deus. O objetivo da natureza não é nem comida nem bebida, nem agasalhos nem conforto, nem qualquer outra coisa da qual Deus esteja fora. Queira ou não, saiba ou não, secretamente a natureza procura, caça, tenta descobrir o caminho pelo qual Deus possa ser encontrado.

Aquela citação me surpreendeu.

– É difícil entender isso – declarei. – Como chegar perto de Deus vivendo nesse mundo cheio de violência, nesse mundo em que Hitler quer matar todos nós? Não seria mais importante tentar se manter vivo?

– Talvez só os místicos possam ir além de um entendimento superficial do conselho de Eckhart – disse o Velho Sábio. – Mas a pergunta – como chegar mais perto de Deus? – continua no ar, você não se livra dela.

Cansado como estava, dormi, sem nem mesmo me despedir de meus amigos. Dormi pensando em Nietzsche. Será que, como ele dizia, "Deus está morto"? Ou será que a razão está com Meister Eckhart, quando declara que "Todo ser humano busca encontrar Deus"?

Capítulo 12

O homem precisa crescer

MAIS UM DIA DE TRABALHO DURO. MAIS UM DIA DE DER-rota. Mais um pouco do precioso líquido de desaparecida. À noite, encontrei meus amigos. Mesmo preocupado com o conserto de meu avião, mesmo com medo de morrer no deserto, estava ansioso por fazer algumas perguntas, a fim de conseguir respostas. Tão logo eles se sentaram ao meu lado, depois de cumprimentá-los, comecei:

– Quero que o senhor me explique melhor por que preciso crescer.

O Velho Sábio me olhou fixamente nos olhos e respondeu:

– Os seres vivos, desde que nascem, talvez antes mesmo de nascer, trazem dentro de si uma angústia, um desespero e uma agonia que os forçam a seguir seu caminho. Qual é o caminho? Caminho que os levará para onde? Isso, eles não sabem. Essa necessidade não é só do ser humano, mas atinge qualquer ser vivo. A semente tem de germinar, certamente sem saber o porquê. O filhote de águia precisa voar, o peixinho precisa nadar. E o homem tem de crescer e adquirir consciência.

– Eu não quero crescer – falou o Pequeno Príncipe, quase gritando.

– Também quero continuar criança – retruquei.

– Seu desespero de nada adianta. O homem precisa crescer. O que você pode e deve buscar é ser *como* criança. Para atingir esse estágio de evolução, você vai ter de passar pelo estágio de homem pleno.

– Mas não quero ser homem pleno – disse o Pequeno Príncipe.

– Será que a semente, o filhote de águia, o peixinho e o bebê querem crescer? Esta resposta é irrelevante. Se você estiver caindo no abismo, não interessa saber se você se jogou ou se foi empurrado; o resultado final é o mesmo. A única alternativa que você tem é aprender a voar. Crescer é doloroso; não, crescer é mortal.

O Velho Sábio, olhando-me fundo nos olhos, talvez tentando fazer com que suas palavras chegassem através deles à minha mente, continuou:

– É como se o homem nascesse com um corneteiro dentro de seu coração, soprando o toque de avançar. Para onde? Isso ele não sabe. Precisa seguir a tropa.

– Por que crescer?

– Os poucos homens que podem responder a esta pergunta certamente já percorreram boa parte do caminho e estão chegando ao fim da jornada.

Não queria aceitar que o Velho Sábio me dizia, mesmo sentindo que ele tinha razão. Eu estava obcecado com a ideia de continuar criança. Havia até mesmo escrito esse desejo em meu diário. Lendo meu pensamento, ele falou:

– Você tem uma escolha dura: ou crescer ou ser infeliz para sempre; crescer ou ficar doente da cabeça. O propósito da vida humana é crescer, é a criação da consciência. Yahweh precisa de nós para isso. Ele precisa do ser humano para atingir a consciência.

– Isso é demais. Deus precisa do homem para ter consciência?

– Este é o conceito expresso por Jacob Boheme, místico, teólogo e alquimista que viveu entre os séculos XVI e XVII.

O Velho Sábio fez uma pausa e continuou:

– Deus precisa do homem para ter consciência – repetiu. – Por esse motivo, ele se encarnou em Cristo, tornou-se homem.

Eu estava estupefato, não acreditando no que ouvia. Resolvi mudar de assunto e guardar aquela ideia para refletir mais tarde.

– O senhor mencionou o termo inflação psicológica, eu gostaria que explicasse melhor.

– Todo ser humano começa sua vida em um estado de inflação, porque seu ego se identifica com o seu lado divino, o Self. É um estado que não pode continuar eternamente.

– O senhor disse ontem que o homem toma consciência por estágios. Como explicar que algumas pessoas, mesmo tendo vivido bastante, pareçam tão afastadas de uma conscientização maior?

Antes que o Velho Sábio respondesse, o Pequeno Príncipe falou:

– Conheci, viajando pelos céus, muitas pessoas que não consigo entender. Uma vez, minhas viagens me levaram a uma região de asteroides minúsculos. O primeiro era habitado por um rei. Ele era muito engraçado; era um rei sem súditos, que ficou satisfeitíssimo ao me ver por lá. Achou que eu poderia ser seu único súdito. O rei gostava de dar ordens e ser obedecido, mas suas ordens eram sempre obedecidas. Quando cheguei ao seu asteroide, estava cansado e bocejei. Então, ele proibiu que eu bocejasse. Quando lhe expliquei a razão do bocejo e que, devido ao meu cansaço, não conseguiria parar de bocejar, ele me ordenou que bocejasse. Em outra ocasião, quando lhe disse que adorava olhar o pôr do sol e lhe pedi que ordenasse ao Sol para se pôr, ele, antes de fazê-lo, calculou a que horas o sol se poria, e mandou que o fizesse nessa hora. Assim, nunca seria desobedecido.

Todos rimos do rei sem reinado. Sem dúvida, sempre seria obedecido. O Pequeno Príncipe continuou:

– Acho que fui a única pessoa que apareceu em seu reino. Ele fez tudo para que eu, seu único súdito, não fosse embora. Queria até me nomear ministro da Justiça.

– Ministro da Justiça? Para julgar quem?

– Foi exatamente o que perguntei. Disse-me que poderia julgar a mim mesmo e acrescentou que isso seria o mais difícil.

– Esse rei não era bobo – disse o Velho Sábio. – Julgar a si mesmo é muito difícil, porque você precisa primeiro se conhecer.

– Já sei. A inscrição do templo de Apolo: "Conheça-se a si mesmo" – disse eu, querendo mostrar que estava aprendendo.

– Muito bem, vejo que você aprende rápido. Porém, não sei se pratica o que aprende. Só o conhecimento intelectual não adianta nada.

– Em outro asteroide – disse o Pequeno Príncipe –, encontrei um homem vaidoso. Quando me viu, achou que era um admirador que ia visitá-lo.

– Os vaidosos sempre acham que são o centro do mundo – disse o Velho Sábio.

– Pediu-me para bater palmas e me agradeceu, curvando-se e tirando o chapéu. Quanto mais eu batia palmas, mais ele se curvava e tirava o chapéu. Depois de algum tempo, notei que ele já estava cansado. Quis, por esse motivo, parar de bater palmas, mas, mesmo cansado, ele queira mais e mais palmas.

– Ora – disse o Velho Sábio –, guarde uma lição. Os vaidosos são facilmente manobrados. Basta que você saiba manipular sua vaidade e ele fará o que você quiser.

– No planeta seguinte – disse o Pequeno Príncipe –, encontrei um bêbado. Ele bebia para esquecer. Quando lhe perguntei o que queria esquecer, ele me revelou que era a vergonha que tinha de beber. Aquilo me deixou perplexo.

– As pessoas têm diferentes justificativas para evitar o crescimento, para atrasar a tomada da consciência – disse o Velho Sábio. – Mas não adianta. O clarim está tocando "Avançar"! Se não obedecer, prisão. Prisão de vaidade, prisão da bebida, prisão provocada pela perda do equilíbrio mental. Cada um tem sua prisão especial.

– Encontrei ainda, em minhas andanças pela galáxia, um empresário que dizia ser dono de 500 milhões de estrelas e que se ocupava cuidando delas. Um velho que se dizia geógrafo e que escrevia o tempo todo. Nunca abandonava sua escrivaninha.

– Nem para viver – comentou o Velho Sábio.

– O mais engraçado de meus encontros foi com o acendedor de lampiões. Tive pena dele. Ele tinha de cumprir a lei, que mandava que acendesse o lampião à noite e o apagasse de dia.

– Quem não atingiu um nível elevado de consciência precisa cumprir a lei – disse o Velho Sábio. – Por isso, Jesus dizia que: "Se sabes o que fazes, estás abençoado; caso contrário, estás desgraçado e és um fora da lei."

– Não entendi isso.

– Essa passagem está no *Código Benzae*, um escrito apócrifo, que explica por que Jesus, questionado sobre o trabalho no sábado, proibido pela lei judaica, disse em Lucas 6-4: "O filho do homem é o senhor do sábado."

– Continuo sem entender – declarei. – O senhor quer dizer que o homem pode fazer o que quiser, desde que esteja consciente? Pode até matar?

– Se ele estiver consciente disso, sim. Vou lhe contar, mais adiante, a história do encontro de Moisés com Khidr, um anjo do Senhor. Então, você vai entender.

O Pequeno Príncipe interrompeu essa conversa, voltando à história do acendedor de lampiões.

– o problema é que seu mundo girava cada vez mais depressa, passando da noite para o dia em ciclos de um minuto. Agora, ele não tinha mais descanso e precisava repetir sua tarefa, seu acende-apaga, a cada 30 segundos.

– O que vemos em todos esses planetas – disse o Velho Sábio – são pessoas adultas muito ocupadas com tarefas que não têm importância alguma. E, ainda por cima, o Pequeno Príncipe as descreve de forma caricata. Parece querer convencê-lo, Antoine, de que tornar-se adulto é tornar-se inútil. Essas pessoas que ele descreveu, na realidade, não são adultas. Podem ter muitos anos de vida, mas não se desenvolverem e, portanto, não devem ser consideradas adultas na expressão psicológica da palavra. Nós discutiremos esse ponto mais tarde, mas quero apenas chamar sua atenção para o fato de que a realidade não é bem como parece nessa descrição das andanças do nosso Pequeno Príncipe antes de chegar ao planeta Terra.

– O senhor não pode negar que os adultos que encontrei – disse o Pequeno Príncipe – não têm nada para serem invejados.

– Os que você descreveu? Concordo com você. Mais não devemos generalizar suas observações para qualquer adulto. Os retratos que você fez não englobam todos os seres humanos.

– Como assim? – perguntei-lhe.

– Existem alguns homens que deixam de ter corpo de criança, conquistam uma profissão, constroem uma família e param na vida. O crescimento foi somente físico, não psicológico. Estes podem se espelhar nos personagens que o Pequeno Príncipe encontrou em seu périplo pelo espaço. Porém, existe também um outro tipo de adulto, que não é maioria.

– Fale-me sobre esse outro tipo – pedi.

– Mas, antes, gostaria de fazer uma observação sobre o acendedor de lampiões. O que você acha do acendedor de lampiões? – perguntou-me o Velho Sábio.

– EEEu? É mais um adulto besta, gastando sua vida em coisas inúteis?

– Parcialmente certo. Mas ele é também um símbolo da vida moderna, cada vez girando mais rapidamente. Se o homem não souber para e pensar, vai acender e apagar lampiões cada vez mais depressa, até morrer de exaustão. Esse é o seu deserto.

– Todos nós precisamos passar pelo deserto?

Capítulo 13

Vida vazia

Antes que o Velho Sábio respondesse, o Pequeno Príncipe interrompeu:

– Como o senhor sabe tudo, será que pode explicar por que Antoine está no deserto?

– Ora, eu mesmo respondo a esta questão. Meu avião sofreu uma pane.

– E por que ele sofreu uma pane? As coisas não acontecem por acaso – disse o Velho Sábio. – O acaso não existe. Você tinha de cair no deserto. Todos os homens precisam passar por essa experiência.

– Mas... existem tantas pessoas que em toda a vida nunca chegaram perto de um deserto – disse eu.

– Chegaram ou chegarão sim – disse o Velho Sábio. – Não necessariamente ao deserto material, mas ao simbólico. Posso garantir-lhe que parte dos habitantes de Nova York está no deserto.

– No deserto? É difícil entender isso. Tem gente que nunca chegou perto de um.

– Um deserto simbólico. Na realidade, você pensa que está no deserto, mas é o deserto que está dentro de você.

– Agora não entendi mesmo.

– A perda dos valores espirituais levou o homem a ficar sem objetivos, sem um significado para a vida. Sua vida ficou vazia. Para que viver? Para ficar mais rico, para ter mais estrelas, para acender e apagar mais lampiões?

– Quer dizer que o empresário, o geógrafo, bêbado, todos estão no deserto?

– Sim, mas tentando encher suas vidas com tarefas que mantenham suas mentes ocupadas, para evitar pensar em seu deserto. Você se lembra da história bíblica de Jonas?

– Bem, há muito que eu não leio a Bíblia.

– Deus mandou que Jonas fosse a Nínive para pegar Sua palavra, mas Jonas estava com medo, e não queria obedecer ao Senhor. Fugiu. Parecia pressentir o que o esperava. Comprou passagem em um navio para Társis, achando que assim se livraria da tarefa que lhe dera o Senhor. No meio do mar, uma tempestade ameaçava afundar o navio, e os tripulantes, cientes de que Jonas desobedecera ao Senhor, jogaram-no ao mar, que imediatamente se acalmou. Um grande peixe apareceu e o engoliu inteiro. No ventre do peixe, Jonas deu-se conta de que seria inútil fugir do Senhor e orou. O Senhor se compadeceu, fazendo com que o peixe depositasse Jonas em uma praia. Dali, Jonas seguiu para Nínive, para executar a tarefa que lhe fora ordenada pelo Senhor.

– O senhor quer dizer que o deserto de Jonas era a barriga da baleia? – perguntou o Pequeno Príncipe.

– Exatamente.

– Será que nenhum ser humano pode fugir dele? – perguntei.

O Velho Sábio respirou fundo e falou:

– Nos tempos primitivos, em que o homem vivia em simbiose com o seu grupo, quando ainda não estava bem desenvolvido o conceito do ser individual, o homem podia passar sua vida sem chegar ao deserto. Não todos. Os xamãs eram os que se viam forçados a buscar, em seu deserto, as forças para sobreviver. Eram, na acepção da palavra, os *indivíduos*.

– Será que, no mundo atual, todos precisamos ser xamãs?

– No mundo de hoje, quase todos têm de ser *indivíduos*. O homem moderno passa por crises. Conhecemos bem, pelo menos os pais conhecem, a crise da adolescência. Talvez não tão conhecida, mas igualmente crítica, é a meia-idade. É a crise do deserto.

– E todos passam por ela?

– Não. Alguns se refugiam em seus empregos e se mantêm ocupados para não pensar na vida. O Pequeno Príncipe encontrou, em sua viagem, vários exemplos do que estou falando. Os que conseguirem não pensar na vida, substituindo suas inquietações por trabalho, ou outra preocupação qualquer, talvez só vivam essa crise na morte. É muito comum pessoas que se dedicam a alguma causa como socialismo, capitalismo, comunismo ou qualquer outro ismo acharem que estão tentando salvar a humanidade ao se entupir de ideias materiais, evitando pensar na vida.

– O que acontece com essas pessoas?

– O dr. Jung fez uma observação muito interessante em seu livro de memórias, *Memórias, sonhos, reflexões*:

Tenho visto as pessoas tornarem-se frequentemente neuróticas quando se contentam com respostas erradas ou inadequadas para as questões da vida. Elas buscam posição, casamento, reputação, sucesso externo ou dinheiro e continuam infelizes ou neuróticas, mesmo depois de terem alcançado aquilo que buscavam. Essas pessoas encontram-se, em geral, confinadas a horizontes espirituais muito limitados. Suas vidas não têm conteúdo ou significado suficientes. Se têm condições para ampliar e desenvolver personalidades mais abrangentes, sua neurose costuma desaparecer.

O Velho Sábio fez uma pausa, dando-me algum tempo para refletir sobre o profundo ensinamento do dr. Jung.

– Não é possível fugir dessa crise? – indaguei.

– Alguns tentam e conseguem apenas despertar seus demônios, caindo em infernos particulares. Uns entram em depressão, outro se entregam à promiscuidade sexual, à busca desenfreada pelo poder, a atos destrutivos como bebida, drogas, ou até mesmo acidentes causados por riscos excessivos. Vão querer ser donos de 500 milhões de estrelas, ser reis de nada ou acender e apagar lampiões e outras tarefas materiais.

– Isso ocorre com todos os homens?

– Em maior ou menor grau, sim. É difícil aceitar que não se é mais jovem. Alguns chegam até mesmo ao suicídio. Existe um momento em nossa vida que pode ser visto como um grande pesadelo do qual queremos fugir, acordar, voltar atrás. Porque ir em frente implica reconhecer e aceitar uma grande verdade da qual provavelmente já desconfiávamos. Estamos sozinhos neste mundo.

– Sozinhos no mundo? E seus filhos, sua mulher?

– Mesmo tendo mulher que o ame, filhos que o adorem, não dá para esquecer que, em certos momentos críticos, quando paramos para pensar na vida e na morte, estamos sozinhos. Especialmente na morte, que é a experiência suprema, só sua.

Capítulo 14

O caminho de Dante

— Ah! – exclamou o Pequeno Príncipe. – Lembro-me do rei, do empresário, do bêbado, do acendedor de lampiões e do geógrafo que encontrei. Eles todos estavam sozinhos em seus asteroides.

– Claro, estavam no deserto, tentando esquecer-se de suas crises, buscando não reconhecer seu deserto.

– O que se pode fazer para resolver essa crise?

– Ir para o deserto, repensar sua vida. Alguns fazem isso recorrendo a uma terapia; outros tentam vencer a crise sozinhos. E há ainda outros que tentam negar a crise afogando-se em alguma atividade compulsiva. Os exemplos que o Pequeno Príncipe encontrou em sua viagem. Ele cruzou com diferentes formas de tentar driblar a crise. O problema é que estão apenas atrasando o processo de reconhecimento. Quando a crise chegar, virá mais forte e os pegará menos preparados. Tentar vencer uma crise de meia-idade, quando você já está com seus sessenta e muitos anos, é bem mais difícil.

O Velho Sábio parou de falar, esperando que seus ensinamentos penetrassem em minha mente. Depois de alguns minutos, continuou:

– Dante Alighieri, logo no princípio de *A divina comédia*, dá uma boa descrição do estado em que se sente o homem que vive sua crise de meia-idade. Ele diz, logo no início do Canto I:

Da vida ao meio da jornada, tendo perdido o caminho verdadeiro, achei-me embrenhado em selva escura.

Descrever qual fosse tal aspereza umbrosa é tarefa assaz penosa, que a memória reluta em relembrar. Tão triste era que na própria morte não haverá muito mais tristeza.

– "Tão triste era que na própria morte não haverá muito mais tristeza" – repeti. – É realmente apavorante essa crise.

Goethe, em *Fausto*, também nos oferece uma imagem dessa passagem pelo deserto:

Oh! Ainda estou preso nessa jaula?
Este buraco na parede amaldiçoado por Deus
Onde mesmo a linda luz do céu
Quebra-se em vão através dos painéis pintados
Presa entre pilhas de livros
Comidos por traças, cobertos de poeira...

– Por isso, muitos tentam fugir dessa crise – disse o velho Sábio. – Outros a enfrentam com coragem. Ela foi detectada no trabalho de grandes artistas de nossa cultura ocidental. Podemos citar o exemplo de Gauguin, que, aos 35 anos de idade, largou a esposa e a carreira em um banco para se tornar pintor. As 41, era um dos expoentes da pintura pós-impressionista. Shakespeare é outro exemplo. Suas obras mais profundas são do seu segundo período, depois de vencida a crise de meia-idade. O sendo trágico, que iluminou obras como *Romeu e Julieta*, só floresceu depois da meia-idade. Certamente ele sentiu a mesma depressão descrita por Dante.

– Confesso que sentir a depressão de Dante não deve ser nada agradável. Sei que já fiz essa pergunta, mas vou repeti-la: não existe mesmo nenhuma maneira de saltar dessa crise?

– Coincidência ou não, e para mim coincidências não existem, um grande número de artistas famosos morreu durante o período em que deveriam estar vivendo essa crise, como Mozart, Chopin, Schubert, Rafael, Baudelaire, Watteu.

– Eles teriam se suicidado para fugir da crise?

– Esta é uma afirmação muito forte. É verdade que a crise deixa as pessoas mais frágeis, mais sujeitas a doenças. É verdade também que algumas das fugas já mencionadas envolvem atitudes mais ousadas, que aumentam o risco de um acidente. Você, Antoine, que gosta de voar, cuidado para não se expor em voos arriscados, especialmente em missões de guerra.

Foi a vez do Pequeno Príncipe rir.

– Será que meu voo foi uma fuga? – indagou.

– Você é um *puer aeternus*, mas é, antes de tudo, um sonho. Não entrará nunca na crise de meia-idade. Mas não se pode negar que, fugindo de seu asteroide, você estava tentando sair da mesmice de sua vida, da qual agora sente saudades.

– É verdade – declarou o Pequeno Príncipe.

– Uma boa coisa para os que vencem a crise – continuou o Velho Sábio – é que atingem uma maturidade, uma profundidade muito maior. Já mencionamos os trabalhos de Shakespeare. Poderíamos também citar Beethoven e Goethe, cujos trabalhos pós-meia-idade são muito mais maduros. Se você compara a música quase juvenil de Mozart com as últimas obras de Beethoven, a diferença de profundidade fica aparente.

– Pena que Mozart não pôde viver a segunda parte de sua vida. Se sua música do primeiro período já é divina, poderíamos imaginas o que ele faria depois dos 40 anos.

– Nada é tão simples assim. O processo de criação dos 20 e 30 anos é diferente daquela da segunda metade da vida. Quando jovem, você cria de uma maneira espontânea, intensa. A obra chega à sua cabeça praticamente pronta.

– É como eu escrevo os meus livros.

– O melhor exemplo disso é o próprio Mozart, e quem assistiu ao filme *Amadeus* sabe bem o que quero dizer. Já na segunda metade de vida, a inspiração não chega de modo tão intenso, tão juvenil. O artista precisa trabalhá-la melhor, o que resulta em uma obra mais madura, mais profunda. Contrastando com Mozart, temos o exemplo de Beethoven, especialmente sua última sinfonia e seus últimos quartetos.

– Mas Mozart também tem um *Don Giovanni*.

– Uma obra que já parecia prenunciar sua morte. Não posso afirmar que não existam exceções. Porém, para você crescer, precisa do deserto.

Eu estava cansado, muito cansado mesmo. Deus está morto? Dormi pensando no Jardim do Éden, na injustiça de Yahweh para com Adão e Eva e na terrível crise de meio de vida que suspeitava estar vivendo. Esqueci até mesmo do meu avião quebrado.

Capítulo 15

A noite de São João

MAIS UM DIA DE TRABALHO DURO SEM RESULTADOS. MAIS um pouco de meu precioso líquido que se esvaía. Agora, só dispunha de mais três dias. À noite, já desesperado, encontrei meus amigos. Pelo menos, conversando com eles, esquecia meu drama.

Mal eles se acomodaram ao lado da fogueira que eu fizera para aquecer as noites frias do deserto, o Velho Sábio falou:

– Você se recorda que o Pequeno Príncipe, logo que chegou ao planeta Terra, encontrou uma flor?

– Isso mesmo – disse o Pequeno Príncipe. – Era uma flor pequena, que só tinha três pétalas. Estava sozinha no deserto. Eu tive pena dela.

– Pena? – perguntei. – Porque estava sozinha? Mas você também mora sozinho em seu planeta!

– Não, eu tenho a companhia de minha flor, de uma rosa. E, agora, de um carneiro que você me deu.

– O que a florzinha do deserto lhe falou sobre os homens? – perguntou o Velho Sábio.

– Quando lhe perguntei onde estavam os homens, ela me disse que os homens não têm raízes e são levados pelo vento.

– O vento os leva – repetiu o Velho Sábio. – Leva os que não têm consciência. Leva o rei, o empresário. Mas não leva o homem que vive plenamente o seu deserto, que aprende com ele, que tem consciência dele e consegue transformá-lo em um jardim.

– Mas o bêbado tinha consciência de seu problema.

– Sem dúvida. De todos, talvez fosse o mais evoluído. Reconhecia sua crise. Porém, faltavam-lhe coragem para enfrentá-la, para encará-la de frente. Ouvia o corneteiro tocando, mas se recusava a avançar. Matando-se com a bebida, evitava admitir que vivia em seu deserto. Os outros, talvez em um estado mais primitivo, faziam o que todos fazem, sem qualquer preocupação com a tarefa de se tornarem *indivíduos*. Poder-se-ia dizer que estavam em um estado de *Participacion Mystique* perfeitamente aplicável a esse jeito de viver, de se afogar no trabalho, na carreira e esquecer a vida.

– Acho que essa não entendi – declarei.

– É normal que o homem, antes da metade de sua vida, dê prioridade à sua carreira, a seus negócios. É um modo de o ego se afastar do Self, para se fortalecer. Mas isso não pode ser um caminho para toda a vida.

– Ele deve deixar sua carreira, seu emprego e cuidar somente de ser desenvolvimento espiritual?

– Não é isso. Ele pode continuar sua vida normalmente, mas deve dedicar algum tempo a seu crescimento espiritual. Vamos falar sobre isso mais à frente.

– Por que – perguntei – você diz que o empresário não tem de passar pelo deserto?

– Você me entendeu mal. Ele é como o bêbado, só que menos evoluído, ainda inconsciente. Seu trabalho é sua bebida, sua droga. E está tão dominado pela droga que seu cérebro não pode pensar na vida. Ele já está no deserto, mas usa o seu tempo contando estrelas, acendendo e apagando lampiões, para não precisar pensar em sua vida vazia. Porém, um dia, será atropelado por seu deserto.

– Então, ele é mais feliz do que eu?

– Felicidade é um conceito difícil de se definir. Diria que ele é mais inconsciente do que você. Seria a águia, que não tem a consciência do homem, mais feliz? Além disso, a menos que seja salvo por uma morte súbita, o empresário vai ter de enfrentar seu deserto. Quando velho, incapaz de trabalhar, quando doente. A vida é cruel, mais ainda para os inconscientes.

– Então, você não deve ser empresário?

– Não é isso. Qualquer trabalho compulsivo, independentemente da profissão, é uma fuga ao seu crescimento psicológico. Você pode ser empresário sem descuidar de crescer.

– Mas, no caso dos trabalhadores compulsivos, sua consciência os protege?

– Um dia eles vão precisar pensar na morte. Então, pode ser muito tarde para crescer.

– Pelo menos, não tiveram de enfrentar o deserto.

– Só se tiverem morte súbita. Mesmo assim, a maior parte da raça humana acredita na reencarnação. Vivemos essa vida para aprender, e quem não aprende a lição tem de repetir o ano.

– Você quer dizer que se o homem conseguir escapar do seu deserto por causa de uma morte súbita vai voltar em outra encarnação?

– Exatamente. As lições que não forem aprendidas em uma encarnação serão repetidas na próxima.

– Bem... Posso escolher as lições que quero viver nesta vida?

– Não! Você não escolhe. É escolhido.

– Não há nada que eu possa fazer para me esconder do escolhedor?

Em tom sarcástico, o Velho Sábio respondeu:

– Duvido! Mas dou-lhe uma sugestão: tome cuidado com os livros que escolhe. Nunca leia aqueles mais profundos. De preferência, não leia nada. Também evite pensar. Seja como o carneiro que você desenhou. O carneiro segue o líder, mesmo que ele pule no abismo. Já ouve casos em que um lobo matou um rebanho inteiro simplesmente conduzindo o líder ao despenhadeiro. Para maior segurança, ponha o carneiro em uma caixa, pois, assim, ele não comerá a flor.

– O senhor não me respondeu. Como posso fazer de meu deserto um Jardim do Éden?

– Não posso indicar-lhe o caminho. É individual. Só seu. O que posso fazer é lhe contar histórias de alguns homens que chegaram ao fim da jornada e acharam o seu jardim. São João da Cruz é um exemplo. Ele descreveu seu deserto como uma "Noite Escura da Alma", e fez dela uma oportunidade para se aproximar de Deus. Veja como ele descreve sua experiência.

CANÇÕES DA ALMA[*]

1. Em uma noite escura,
De amor em vivas ânsias inflamadas,
Oh! Ditosa ventura!
Saí sem ser notado,
Já minha casa estando sossegada.

---

[*] São João da Cruz. *Obras completas* (Vozes, 2002). Reproduzido com autorização.

2. Na escuridão, segura,
Pela secreta escada, disfarçada,
Oh! Ditosa ventura!
Na escuridão, velada,
Já minha casa estando sossegada.

3. Em noite tão ditosa,
E num segredo em que ninguém me via,
Nem eu olhava coisa,
Sem outra luz nem guia
Além da que no coração me ardia.

4. Essa luz me guiava,
Com mais clareza que a do meio-dia
Onde me esperava
Quem eu bem conhecia,
Em sítio onde ninguém aparecia.

5. Oh! Noite que me guiaste,
Oh! Noite mais amável que a alvorada!
Oh! Noite que juntaste
Amado com amada,
Amada já no Amado transformada!

6. Em meu peito florido
Que, inteiro, para ele só guardava
Quedou-se adormecido,
E eu, terna, o regalava,
E dos cedros o leque o refrescava.

7. Da ameia a brisa amena,
Quando eu os seus cabelos afagava,

Com sua mão serena
Em meu colo soprava,
E meus sentidos todos transportava.

8. Esquecida, quedei-me
O rosto reclinado sobre o Amado;
Tudo cessou, Deixei-me,
Largando meu cuidado
Por entre as açucenas olvidado.

– São João da Cruz explica este lindo poema dizendo que, na noite escura, começam a entrar as almas que Deus vai tirando do estado de principiantes.

– São João conseguiu transformar seu deserto em um jardim florido. Mas ele é santo. Poucos o são.

– Não obstante, a tarefa é a mesma para todos. Qualquer que seja o nome que você queira dar – chega mais perto de Deus, conhecer-se a si mesmo, ganhar mais consciência –, a tarefa deve ser cumprida ou...

– Ou o quê?

– Você perderá o ano, será reprovado. Vai ter de voltar em outra encarnação para completar sua lição.

Capítulo 16

A história de Khidr

DEPOIS DE MEDITAR SOBRE O QUE O VELHO SÁBIO ACABAva de contar, fiz-lhe uma nova pergunta:
– Como pode o meu ego ter consciência do Self?
– Você não pode ter consciência do Self. Ele é a totalidade. Ele é o divino. O que os seres humanos devem buscar é um diálogo com o seu lado divino. Para os seres humanos, é impossível incorporar a totalidade do Self, mas é importante que você adquira consciência de partes dele. Vou contar-lhe uma história do Corão, uma episódio em que Moisés encontra Khidr, um anjo do Senhor:

18° SUTRA*

Moisés encontrou-se com Khidr, um anjo do Senhor, e pediu:
– Posso seguir-te para que me ensines o que te foi revelado da verdade?
– Não terias bastante paciência comigo – falou Khidr. – Como suportarias aquilo de que não discernes a razão?

---

* *O Alcorão*. Tradução Mansour Challita (Associação Cultural Internacional Gibran, 1980).

Disse-lhe Moisés:

– Encontrar-me-ás, se Deus permitir, paciente; não desobedecerei a nenhuma ordem tua.

– Se me seguires, não me perguntes sobre nada até que o mencione.

E, assim, partiram os dois. Quando entraram num barco, Khidr perfurou nele um buraco. Moisés perguntou:

– Perfuraste-o para afogar os que estão nele? Fizeste uma coisa reprovável.

Khidr respondeu:

– Não te disse que não terias paciência comigo?

Moisés retrucou:

– Não me censures por algo que esquecera. E não me imponhas condições duras demais.

E partiram de novo, até que encontraram um adolescente; e Khidr matou-o. Moisés disse:

– Mataste uma alma pura sem que fosse para vingar outra alma! Cometeste um ato abominável.

– Não te disse que não terias paciência comigo?

– Se voltar a te interrogar sobre qualquer coisa, não me acompanhes mais. Tens minhas desculpas.

Os dois partiram outra vez. Chegaram a uma cidade e pediram hospitalidade a seus habitantes, sendo repelidos. Mesmo assim, Khidr viu uma parede prestes a ruir e a restaurou. Disse Moisés:

– Se quisesses, poderias exigir um salário por esse serviço.

– É a separação entre nós – disse Khidr. – Agora, revelar-te-ei a interpretação daquilo que não pudeste suportar.

"Quando ao barco, pertence a homens pobres que trabalham no mar. Quis avariá-lo porque, atrás deles, vem um rei que se apodera de qualquer barco, injustamente. O barco avariado não vai interessar-lhe, e os homens poderão consertá-lo depois que o rei passar.

"Quanto ao adolescente, seus pais são crentes, e ele lhes traria problemas pela rebelião e pela descrença. E o Senhor vai dar-lhes outro filho melhor em pureza e sentimentos filiais.

"Quanto à parede, pertence a dois jovens órfãos daquela cidade. Por baixo dela, há um tesouro que lhes pertence, pois seu pai era um justo. O Senhor quis, portanto, que eles atingissem, primeiro, sua plenitude, antes que recuperassem seu tesouro. Há em tudo isso uma misericórdia de teu Senhor. Pois nada fiz por minha iniciativa. Aí está a interpretação dos fatos que não conseguiste suportar."

– Fiquei confuso – observei. – Será que nunca poderemos entender Deus?

– Esta história mostra como é impossível para os seres humanos abrangerem a totalidade do divino. Podemos, e devemos, manter nossos canais de comunicação abertos, tentando ouvir essa voz que vem de dentro, do Self, de Khidr, procurando seguir seus conselhos. Conscientizando-nos de todas as partes que nos forem possíveis absorver. Porém, nunca teremos acesso a toda a sabedoria do divino.

Capítulo 17

Encontro com o divino

— VOU LHE CONTAR OUTRA HISTÓRIA, UM MITO CRIS-tão. São Cristóvão estava para cruzar um rio quando viu uma criança que também queria ir para o outro lado. De boa vontade, ofereceu-se para carregá-la nas costas. Quando a criança lhe disse que ele não aguentaria a carga, ele riu e pensou: "Como poderia uma simples criança ser peso em demasia para um homem forte como eu?" A criança subiu nas costas de São Cristóvão, que começou a cruzar o rio. À medida que ele seguia seu caminho, sua carga aumentava, a ponto de ficar insuportável. Quando já não aguentava mais, São Cristóvão se deu conta de que carregava o Senhor.

– Qual o significado desse mito?

– Ele mostra que um ser humano não pode carregar nas costas o divino.

– Então, o que ele deve fazer?

– Fortalecer-se para carregar uma parte do divino. Carregar, nesse contexto, deve ser entendido como conscientizar-se de partes do Self. Porém, também é preciso ter cuidado para não absorver um pedaço maior do que você pode carregar. Uma história da tradição talmúdica ilustra bem o perigo de se aproximar excessivamente do Self. No caso, o Self é representado pelo Pardes, que corresponderia ao nosso Jardim do Éden, ou Paraíso. Aliás, Pardes significa pomar interior.

– Conta, conta – suplicou o Pequeno Príncipe, que adorava ouvir histórias.

– Quatro grandes religiosos do segundo século, Rabi Akiva, Bem Zoma, Bem Azzai e Aher, entraram no Pardes. Um olhou e morreu. O segundo olhou e perdeu a razão. O outro destruiu as plantas novas – abandonou a religião. Só o Rabi Akiva entrou e retornou em paz.

– Ainda não estou entendendo bem como funcionam a inflação e a alienação. Com a explicação que o senhor me deu, esses estados psicológicos me pareceram indesejáveis.

– Veja bem! Acho que o dr. Jung já lhe explicou isso. A inflação e a alienação, entendidas como a aproximação excessiva do ego com o Self e seu afastamento excessivo, respectivamente, só são indesejáveis quando ocorrem fora do seu ciclo de vida normal, ou quando se eternizam.

– O senhor quer dizer que três dos sábios não estavam ainda preparados para visitar o Pardes? Não era a hora de fazerem isso?

– Exato. Vejo que você me entendeu.

– Se qualquer das duas condições – aproximação e afastamento – eternizar-se, ficar estática, engessada e bloquear o fluxo de sua vida, você terá problemas. Lembre-se do exemplo do empresário que o Pequeno Príncipe visitou. Até a metade de vida, até a crise do deserto, ele pôde ser apenas empresário. Isso é normal na primeira metade de vida do ser humano.

– Normal ser empresário?

– Não! Normal cuidar de desenvolver seu ego. Para tanto, é necessário um afastamento maior do Self. Ao se refugiar na vida material, estudar, ganhar dinheiro, formar uma família, o homem vai estruturando seu ego, sem uma proximidade sufocante com o Self, tão brilhante, que desvia sua atenção e não lhe permite reforçar seu ego. Já na segunda metade de vida, ele tem de se desenvolver psicologicamente, crescer espiritualmente, para evitar que sua vida se engesse.

– Ele precisa deixar de ser empresário?

– Não. Ele tem de, paralelamente, cuidar do seu crescimento interior. Nada impede que continue a ser empresário. Os indianos têm uma filosofia diferente. É comum, depois dos 60 anos de idade, eles se aposentarem e cuidarem somente do seu desenvolvimento espiritual.

– Sessenta anos? Não é muito tarde para começar a segunda metade de vida?

– Eles não começam aos 60 anos. Nessa idade, passam a fazer isso em tempo integral. Porém, quem está se preparando para se afastar aos 60 já começou seus estudos e práticas bem antes.

– Existem casos de pessoas que passam pelo deserto e não crescem.

– Infelizmente, sim. Como lhe falei, o desenvolvimento normal do ser humano passa por ciclos em que o ego se aproxima e de afasta do Self. A crise do deserto corresponde a um afastamento grande, a uma quase ruptura do canal de comunicação ego-Self. O Ocidente está passando por uma crise causada pela perda da relevância dos símbolos religiosos que alicerçam nossa Igreja Cristã.

– O que tem a ver a religião com esse processo?

– A religião é a melhor proteção coletiva contra os males da inflação e da alienação. O problema surge quando os símbolos que alicerçam essa fé ficam desgastados, quando perdem sua luminosidade, seu dinamismo. Em vez de símbolos vivos, eles estão mortos e têm de ser substituídos por outros. No caso da civilização ocidental, existe uma busca pelo individual. Esse movimento, que teve seus primórdios no Renascimento, atingiu os patamares mais elevados no século passado. No século XXI, podemos esperar uma busca ainda maior pelo individual.

– O senhor quer dizer que a falência dos símbolos religiosos está nos afetando?

– Uma religião viva protege o homem dos perigos da alienação. Em contrapartida, tolhe sua possibilidade de experimentar e crescer com ela. Enquanto a religião puder conter o Self e mediar seu dinamismo para o ser humano, haverá pouca necessidade de um encontro individual, de o homem ter o seu encontro particular com o Self, de o homem ser um *indivíduo*. Isto o protege do sofrimento desse encontro, mas também tolhe o seu crescimento individual.

– Quer dizer que, se eu acreditasse na Igreja, não precisaria passar pelo deserto?

– Enquanto os símbolos de uma religião estiverem vivos, e a Igreja funcionando adequadamente, os indivíduos estão protegidos contra os males da inflação e da alienação. Porém, muitos protegidos estarão em um estado de *Participation Mystique*, sob o manto da religião escolhida, sem possibilidades de qualquer relação pessoal com o Self. Quero ressaltar que algumas pessoas podem ser profundamente religiosas e se desenvolver individualmente, sem ter de viver nesse estado de *Participation Mystique* com a Igreja.

– Só não entendo como São João da Cruz passou pelo seu deserto, sendo uma pessoa tão ligada à Igreja.

– Ele era uma das exceções que mencionei. Não pense que os padres não têm suas dúvidas. Não idealize essas pessoas. São tão humanos como nós, com todas as nossas incertezas e inseguranças. Talvez até por causa de sua luta pelo autoconhecimento, para terem um diálogo com o Self, possam tornar-se santos. Porém, não nascem nessa condição.

– Mas, pelo menos, é o caminho mais fácil. Como falo para ter fé?

– Não é escolha sua. Ou você acredita ou não. Jung dizia: "Felizes os que têm fé. Estes não precisam de psicoterapia." Dizia mais ainda: que não encontrou nenhum adulto vivendo a crise de meia-idade cujo problema pudesse ser resolvido sem que passasse por um crescimento espiritual.

– Seria preciso abraçar uma religião?

– Não necessariamente. Não adianta abraçar uma religião sem fé. O crescimento espiritual não passa, necessariamente, por uma Igreja. Quando os símbolos perdem sua luminosidade, quando a Igreja perde a condição de carregar para nós a projeção do Self, atingimos o estado que Nietzsche anunciou como "Deus está morto".

– Mas como fica o homem quando a Igreja perde seu significado?

– Há quatro possibilidades. Na primeira, o ser humano, ao perder a possibilidade de projetar Deus na Igreja, aliena-se. O eixo de comunicação entre o ego e o Self se rompe, e o homem sofre todos os problemas de uma vida sem sentido. Perde a razão de viver. Na segunda possibilidade, o ego do indivíduo absorve a energia que deveria ser dirigida ao divino. Ele entra em estado de inflação. Na terceira possibilidade, a energia que era dirigida ao divino passa as ser canalizada, projetada, para atividades seculares ou movimentos políticos.

– O senhor pode me dar um exemplo disso?

– Salvar as tartarugas passa a ser a coisa mais importante na vida – disse o Velho Sábio. – Tão importante como salvar vidas humanas. Tão importante como salvar a si mesmo, tornar-se consciente.

– Salvar as tartarugas não é importante?

– Não me entendam mal. Não é que a ecologia não seja importante, mas a vida é mais ainda. Que se salvem as tartarugas, mas que isso seja apenas uma tarefa importante, e não substitua seu processo de crescimento. De certo modo, pessoas que abraçam uma causa achando que vão salvar o mundo com suas mãos se sentem como semideuses, desejando voar perto do Sol.

– Agora o senhor me confundiu.

– É só lembrar que, apesar de salvar as tartarugas ser algo importante, sua tarefa mais relevante nesta vida é encontrar-se com Deus. Lembre-se sempre de Meister Eckhart.

– Como pode o homem se alienar?

– Os exemplos que o Pequeno Príncipe encontrou em suas andanças pelos planetas se encaixam bem neste caso. A única coisa importante no mundo é acender e apagar lampiões, é reinar sobre todos os planetas, é possuir todas as estrelas. Ou é implantar o comunismo, o socialismo ou qualquer outro ismo.

– O senhor falou em quatro possibilidades, mas só citou três: alienação, inflação ou envolvimento com problemas materiais. E qual é a quarta possibilidade?

– Se o homem for capaz de confrontar a perda da projeção religiosa e usar essa lição para desenvolver um diálogo mais próximo entre seu ego e o Self, seu lado divino, isso poderá representar um passo decisivo para o desenvolvimento de sua consciência. Os exemplos de São João da Cruz, de Jonas, de Goethe e de Dante retratam essa possibilidade. Depois de suas experiências, eles se tornaram pessoas mais conscientes, mais inteiras, mais completas.

A noite já ia alta. Eu, cansado de um dia de trabalho duro, adormeci, sonhando com tartarugas.

Capítulo 18

Cuidado com os baobás

Fui acordado pelos raios de Sol batendo em meu rosto. Minha provisão de água diminuía cada vez mais rapidamente. Nem mesmo poderia ter certeza de que durasse o tempo previsto. Isto me levou a trabalhar febrilmente no conserto de meu avião. No princípio da noite, já cansado, com o Sol se escondendo no horizonte, recebi outra vez a tão esperada visita de meus dois amigos.

Nesse encontro, conheci um pouco mais da vida de meu principezinho. Ele nunca me falava tudo de uma vez e também não gostava de responder às minhas perguntas. Nessa noite, ele, me perguntou se carneiros comiam arbustos. Quando respondi afirmativamente, ele ficou alegre:

– O baobá é uma árvore muito grande. Se não tomar cuidado, ela toma todo o seu planeta. Conheço um caso, ocorrido em um planeta perto do meu, em que seu habitante era muito preguiçoso e não cuidou de arrancar os brotos de baobá antes de crescerem. Agora, seu planeta está perdido, tomado por baobás. Mal há lugar para ele morar.

– E o que você faz para proteger o seu?

– Ah! Dá muito trabalho. Tenho de arrancar todos os baobás pequenos que aparecem, antes que cresçam. Por isso, quero um carneiro. Ele pode comer os baobás.

– Comer baobás? É uma árvore muito grande.

– Não! Antes de crescerem, quando são apenas mudinhas nascidas de sementes trazidas pelo vento.

– Bem, aí sim. Os carneiros comem tudo, até flores.

– Até flores? – perguntou preocupado o Pequeno Príncipe. – Ele pode comer a minha rosa?

– Claro que pode.

– Mas ela tem espinhos para se defender.

– Mesmo assim. Os espinhos não são nada para o seu carneiro.

O Pequeno Príncipe ficou pensativo.

– Quer dizer que o carneiro vai comer tudo o que estiver nascendo em meu planeta? Se o vento me mandar sementes de flores, junto com as dos baobás, ele também vai comer?

– Ele come tudo.

O Pequeno Príncipe estava realmente atrapalhado. Queria o carneiro, mas também as flores que o vento pudesse trazer. Então, o Velho Sábio falou:

– Tudo na vida é assim mesmo. Se você quer as coisas boas que o mundo pode lhe dar, tem de trabalhar duro para separá-las das ruins. Não dá para pedir que o carneiro faça esse trabalho por você. O carneiro é inconsciente, não sabe escolher. Você, sim, precisa usar sua capacidade de discriminação, sua consciência, para separar o que é bom do ruim.

– Você pode – declarei – levar o seu carneiro preso em uma corda. Quando encontrar uma mudinha de baobá, deixe-o comer.

– Preso em uma corda?

– Uma corda, sim. Os instintos devem ser controlados pelo seu lado consciente – disse o Velho Sábio. – É preciso usar uma corda para contê-los, para evitar que estraguem a festa. Porém, só o homem consciente pode controlar seus instintos.

– Como vive o seu vizinho no planeta dominado pelos baobás? – perguntei ao Pequeno Príncipe.

– Leva uma vida triste, sempre à sombra dos baobás. Se ele quiser ver o Sol nascer, precisa subir nas árvores. Como é preguiçoso, nunca faz isso. Já pensou na vida sem ver o Sol nascer?

– Já pensou na vida sem luz, sem consciência? – indagou o Velho Sábio. – Todo o esforço de Prometeu desperdiçado?

Capítulo 19

Sem lugar para gente grande

O Pequeno Príncipe estava atrapalhado. Como controlar a praga dos baobás?

– Será que você não poderia levar para lá uns elefantes? – perguntei. – Eles comem folhagens e poderiam comer todas as folhas dos baobás.

O Pequeno Príncipe riu de mim.

– Elefantes? O planeta é tão pequeno que os elefantes teriam de ficar uns em cima dos outros.

Nesse instante, quem riu fui eu. Peguei uma folha de papel e desenhei os elefantes no planeta. Vi logo que seria impossível. Teria de desenhar elefantes empilhados.

O Velho Sábio pegou meu desenho com os elefantes. Olhou, olhou e, então, comentou:

– Parece que seu planeta não tem lugar para os elefantes.

– É verdade – disse o Pequeno Príncipe.

– Cuidado! Lá não há lugar para gente grande. Onde vão morar os expulsos do Jardim do Éden?

O Velho Sábio fez esta pergunta e ficou esperando nossa resposta. Nem eu nem o Pequeno Príncipe sabíamos responder. Realmente, aquele planeta não tinha lugar para gente grande. Como não lhe respondêssemos, ele continuou:

– Depois de expulso do Jardim, você precisa ser gente grande para se tornar como criança.

Aquela afirmação me deixou ainda mais perplexo.

– Ser gente grande para se tornar criança?

O Velho Sábio fez uma nova pausa, preenchida pelos olhares atônitos que eu trocava com o Pequeno Príncipe. O que o nosso velho amigo queria dizer? Resolvi interrogá-lo.

– Por que tenho de ser adulto?

– Por que os rios correm para o mar? Por que as árvores crescem? Por que o Sol nasce? Por que o seu corpo cresce? Por que o corneteiro toca "Avançar"?

– Bem... são coisas da natureza.

– Bem – falou o Velho Sábio, imitando minha voz –, são coisas da natureza.

Não pude conter o riso com sua imitação perfeita. Ele continuou, agora em tom mais sério:

– Você não pode impedir que seu corpo cresça, mas você pode tentar impedir que sua consciência cresça, e se tornar um desajustado.

– Mas como posso, depois de adulto, voltar a ser criança?

– É a terceira vez que você faz esta pergunta. Já lhe disse que a resposta virá no tempo certo. Além do mais, sua pergunta está errada.

– Errada?

– Sim. Você não pode voltara a ser criança, mas pode voltar a ser *como* criança. Lembre-se da nossa discussão de outro dia sobre as palavras de Jesus.

O Velho pegou meu outro desenho, mostrando o planeta tomado pelos baobás. Ele parecia examiná-lo com um semblante preocupado.

– Este planeta está quase todo tomado pela natureza, reino da Grande Mãe. Em épocas primitivas, os seres humanos veneravam os poderes da natureza. A divindade dominante era a Grande Mãe. Ela tem as duas polaridades, a Grande Mãe nutridora e a destruidora, como, aliás, fica claro em vários mitos.

– A mãe também mata?

– No mito indiano, Brahma, o Deus supremo, tem como companheiros Vishnu e Shiva, representando os três poderes: a criação (Brahma), a conservação (Vishnu) e a destruição (Shiva). Kali, esposa de Shiva, é a deusa que devora, representando a Grande Mãe destruidora. Alguns mitos de criação do mundo fazem referência à separação do céu e da terra. O céu seria o domínio masculino; a terra, do feminino. A terra é, portanto, a representação da Grande Mãe, ao mesmo tempo nutridora e devoradora. A mesma natureza que lhe dá a nutrição traz as pragas, as enchentes e as calamidades, em razão da força da própria natureza.

– Tenho algumas perguntas. Será que poderíamos chamar a Grande Mãe para conversarmos? – perguntei ao Velho Sábio.

– Não! Não! – gritou o Pequeno Príncipe. – Ela pode querer me devorar.

Todos rimos, mas resolvemos que o Velho Sábio poderia esclarecer minhas dúvidas, sem necessidade de convidados. Ele falou:

– Em tempos primitivos, a consciência individual estava ainda se desenvolvendo, a queda do Jardim ainda estava acontecendo. As tribos humanas viviam em estado de *Participation Mystique* com a natureza, sobre o qual já falamos. No estágio atual de desenvolvimento de nossa civilização, qualquer indivíduo que voltar a esse estágio estaria regredindo em seu desenvolvimento, aproximando-se do estágio de criança e inconsciente e se afastando do ideal de se transformar em adulto consciente, para, em seguida, ser como criança.

– Ser criança?

– Não! Ser *como* criança. É esta a condição que Jesus nos impõe para entrar no Reino dos Céus.

– Minha preocupação é com os baobás – declarou o Pequeno Príncipe. – Eles tomam todo o espaço.

– Sua preocupação é saudável, porque o perigo é real. Os baobás ocupam todo o espaço que poderia ser usado pela consciência. Eles impedem a luz do Sol – a luz da consciência – de chegar ao homem que habita este planeta.

– Os baobás não são como a minha flor – disso o principezinho. – Minha flor perfuma todo o meu planeta. Não deveria tê-la deixado sozinha. Quem vai cuidar dela? – indagou com emoção.

Capítulo 20

Saudades de uma flor

Quando o Pequeno Príncipe falou de sua flor, olhei para ele. Uma lágrima rolava em sua face.

O Pequeno Príncipe nos contou que, antes de começar sua viagem, ele arrumara todo o planeta. Mesmo não tendo intenção de voltar, ele achou que deveria deixar tudo em ordem. Resolveu seus três vulcões, mesmo o que estava extinto.

– Quem sabe – disse ele – o vulcão resolve voltar a funcionar. Existe sempre uma esperança!

Ele, então, nos contou que a parte mais difícil de sua partida fora a despedida da flor.

– Foi a primeira vez que ela me disse que me amava. Eu queria pôr uma redoma para protegê-la, mas ela preferiu ficar ao vento. Queria aproveitar a vida, expor-se às larvas que traziam as borboletas.

– Parece que é isso que Antoine não quer – disse o Velho Sábio. – Expor-se à vida.

Nesse momento, percebi que, atrás da primeira lágrima, muitas se seguiram e agora lavavam o rosto de meu amiguinho. Ele falou com a voz embargada:

– Pensei que nunca mais desejaria voltar para o meu planeta, para a minha flor, mas estava enganado. Estou com saudades, muitas saudades.

Ele quase não conseguiu pronunciar as últimas palavras:

– Aproveitei uma migração de patos selvagens e, conduzido por eles, consegui sair do meu planeta. Agora, gostaria de voltar, mas não sei como.

– Voltar? Se conseguir me salvar, se conseguir consertar meu avião e sair do deserto, vou cuidar de você. Apesar do pouco tempo que nos conhecemos, nunca tive um amigo que amasse tanto. Não quero perdê-lo, como aconteceu com meu irmão mais novo.

Foi então que o Pequeno Príncipe nos contou o seu encontro com a serpente logo que chegou à Terra.

– Eu lhe perguntei pelos homens, porque estava me sentindo muito só. Então, ela me disse que, mesmo entre os homens, iria me sentir só. Por isso, estava apreensivo quando o encontrei. Mas fiquei alegre quando vi que você seria meu amigo.

– E o que mais a serpente lhe falou?

– Que é mais poderosa do que o dedo de um rei. Que poderia me enviar de volta para minha estrela quando eu quisesse.

– Voltar para sua estrela? Você é meu único amigo. Podemos viver felizes para sempre.

– Mas... e minha flor? A Terra tem tanta gente! Você pode fazer muitos amigos.

– É muito difícil fazer amigos – declarei.

– Não é não. Vou lhe contar o que aprendi com a raposa.

Antes que o Pequeno Príncipe me contasse a lição da raposa, o Velho Sábio disse:

– Você não vai perder seu amigo. Mesmo que ele volte para o seu planeta, você poderá visitá-lo em seus sonhos, em seus devaneios, e poderá conversar com ele. É importante que você brinque sempre com ele.

– Mas... o senhor disse que eu preciso crescer. Gente grande não brinca nunca.

– Quem lhe disse isso? Você tem de crescer sem perder a ternura, sem perder sua criatividade, sem perder contato com sua criança interior.

– Como posso brincar, ser alegre, se perdi meu pai quando tinha quatro anos e meu irmão mais novo quando eu tinha 17 anos?

– Seu pai e seu irmão não morreram. Apenas mudaram para outra esfera do universo. Você pode encontrá-los dentro de si, em seus sonhos, do mesmo modo como encontra seu amiguinho e também a mim. Seu pai simboliza algo de muito importante para você. Por isso, não desista de falar com ele.

– Falar com ele? Como?

– Em seus sonhos, por exemplo. Você pode também usar a técnica da imaginação ativa.

– Não conheço essa técnica. O senhor pode me ensinar?

– Essa técnica foi criada pelo dr. Jung, como forma alternativa ou complementar aos sonhos, para falar com seu inconsciente. Em sua imaginação, você começa a dialogar com suas imagens internas. Seu irmão, por exemplo. Chame-o, converse com ele.

– Será que saberei fazê-lo?

– Ora, o que você acha que está fazendo quando fala comigo, com o Pequeno Príncipe e com nossos convidados? Imaginação ativa.

– Bem, então é fácil.

– Exatamente. Porém, recomendo cuidado quando as imagens vierem carregadas de muita emoção. Nesses casos, seria interessante você fazer isso com cautela.

O Pequeno Príncipe, tentando me consolar, disse:

– Seu irmão deixou a Terra. Porém, além de dialogar com ele em sua imaginação ativa, você pode arranjar novos amigos de carne e osso. Muitos amigos. Vou lhe contar meu encontro com a raposa.

– O que tem isso a ver com amigos?

– Você vai ver. Ela me ensinou a cativar amigos.

– Acho que você está precisando aprender essa técnica – disse-me o Velho Sábio.

O Pequeno Príncipe continuou:

– Quando convidei a raposa para brincar comigo, ela disse que não podia. Era ainda selvagem, e eu devia primeiro cativá-la.

– Como se cativa uma raposa? – perguntei.

– Foi a pergunta que fiz. Ela me ensinou que é preciso ter paciência. Primeiro, deveria me sentar no chão, um pouco longe, sem falar nada. Ela iria começar a me olhar com o rabo de olho. Você deve continuar calado; as palavras são enganosas. No dia seguinte, você se senta um pouco mais perto, ainda em silêncio.

– Quantos dias isso vai durar?

– Muitos – disse o Pequeno Príncipe.

– Esse é o problema – disse o Velho Sábio. – Os homens querem comprar tudo pronto nas lojas. Não querem esperar, dar tempo ao tempo. Como amizades não se compram, eles ficam sem amigos.

– A raposa me disse também que eu deveria voltar sempre à mesma hora. Desse jeito, ela ficaria na expectativa, aguardando ansiosa, uma hora antes, a minha chegada. Assim, sua felicidade começaria uma hora antes.

– E você cativou a raposa? – perguntei.

– Bem que gostaria, mas não tive tempo.

– Não teve tempo? – perguntou o Velho Sábio. – Em seu planeta você tinha todo o tempo do mundo. Com tão pouco tempo aqui na Terra você já pegou a doença dos homens, a pressa?

Vi o Pequeno Príncipe enrubescer. Mas o Velho Sábio não me deu tempo para consolá-lo. Virou-se para mim e disse:

– Você também. Por que não tem mais amigos?

– Eu?

– Por que você está sentindo sua vida vazia? Por que está no deserto?

– Eu?

– Pense bem nisso.

O Velho Sábio falava com voz brava. O Pequeno Príncipe voltou ao assunto da serpente:

– A serpente me afirmou que, se me tocasse, poderia me devolver à minha estrela.

– Pelo amor de Deus! Não acredite em cobras. Elas são traiçoeiras – declarei, quase berrando.

– A cobra é má? – perguntou o Pequeno Príncipe.

O Velho Sábio respondeu:

– Todos os seres vivos têm um lado bom e mau. Quando reprimimos o lado mau sem lhe dar atenção consciente, ele age em nosso inconsciente. Então, nosso lado racional não pode impedir que façamos coisas que não gostaríamos de fazer.

– O racional perde o controle?

– Sim. Você é temporariamente dominado pelo inconsciente, e pode cometer atos que, racionalmente, não cometeria.

– O senhor quer dizer que somos bons e maus?

– Quero dizer que, dentro de nós, residem o bem e o mal. Quanto mais inconscientes formos, mais possibilidade de deixarmos o mal atuar por meio de nós.

– Não estou entendendo isso bem.

– Gostaria que você meditasse sobre o que disse Joseph Campbell, o grande mitólogo do século XX:

Minha definição de demônio é um anjo que não foi reconhecido. Melhor dizendo, é um poder seu para o qual você negou expressão, e você reprime. Então, como toda energia reprimida, ela começa a crescer e a tornar-se muito perigosa.

Ainda estava meditando sobre o que Campbell falara quando o Velho Sábio, pegando a mão do Pequeno Príncipe, desapareceu em uma roda de fogo.

Naquela noite, dormi pensando em como seria bom se eu tivesse muitos amigos. Mas escolheria meus amigos entre as crianças. O problema é que elas crescem.

Capítulo 21

De volta ao seu planeta

MEU ÚLTIMO DIA DE ÁGUA, MEU ÚLTIMO DIA DE VIDA. Tomei meus últimos preciosos goles. A tarde já estava no fim, o Sol se escondendo no horizonte, quando vislumbrei, ao longe, meus dois amigos chegando. Aquela poderia ser a nossa última conversa. Aproximando-se, o Pequeno Príncipe falou:

– Há mais uma coisa que a raposa me ensinou...

– Meu amiguinho, o que a raposa lhe disse não importa mais.

– Por quê?

– Porque não consegui consertar o avião e minha água está acabando. Vou morrer de sede.

– Não! Não! Vamos procurar um poço. Eu sei onde existe um.

Fomos caminhando pelo deserto. Depois de caminhar durante toda a noite, eu estava cansado, já preparado para me entregar nos braços de Deus.

– Precisamos andar mais um pouco – dizia o Pequeno Príncipe. – O poço está logo à frente.

E, continuando a caminhada, descobrimos o poço ao raiar do dia. Satisfeita a sede, pude sentar-me e conversar. O Pequeno Príncipe chamou o Velho Sábio. Eu tinha certeza de que, invisível, ele estivera conosco durante toda a caminhada. Agora, já animado, repeti minha pergunta, tantas vezes feita ao Velho Sábio:

– Como posso ser como criança?

Ele me respondeu contando uma história.

– Você lembra que o Gênesis fala da existência de duas árvores no Jardim?

– Sim. Lembro-me de que Yahweh disse: "Eis que o homem se tem tornado como um de nós, conhecendo o bem e o mal. Ora, não suceda que estenda a sua mão e tome também da árvore da vida."

– É isso. Temos de aprender o caminho para essa outra árvore, que é mais importante do que a primeira. A árvore da vida está situada no centro do Jardim e é protegida pelos galhos das árvores do conhecimento. Desta, Adão e Eva comeram o fruto. Porém, para que possam atingir a árvore da vida, para que possam também comer do seu fruto, precisam passar pelo emaranhado de galhos da árvore do conhecimento. No trajeto pelo labirinto criado pelos galhos, Adão e Eva devem ingerir mais frutos do conhecimento, que lhes darão energia para caminhar até o centro do Jardim, até a árvore da vida. Quando, já bem alimentados pela energia contida nos frutos da árvore do conhecimento, chegarem ao centro e puderem comer o fruto da árvore da vida, eles serão como crianças e poderão entrar no reino dos céus. Está aí a resposta à sua tão repetida pergunta.

O Velho Sábio ficou me olhando, calado, dando tempo para eu meditar sobre sua explicação. Sentia que ele estava me revelando um grande mistério, mas minha mente não conseguia perceber toda essa verdade. Resolvi confessar minha perplexidade.

– Linda história. Porém, na vida prática, como posso atingir a árvore da vida, comer seu fruto e voltar a ser como criança?

– Voltar a ser *como* criança sem perder a consciência. Lembre-se deste detalhe, porque é importante. Já lhe falei que, na entrada do templo de Apolo, na Grécia, existe uma inscrição: "Conheça-se a si mesmo." Quando você realmente se conhecer, estará preparado para o passo final, que é comer a fruta da árvore da vida.

– Isso não é tão fácil assim.

– Claro que não. A vida não é fácil. O primeiro conselho que posso lhe dar é que você deve tentar se desprender das coisas terrenas, inclusive de sua ideia de ser criança. A vida não tem videoteipe, não retrocede. Sua obsessão de não querer ser adulto, de desvalorizar tudo o que se relaciona com o mundo dos adultos, não é saudável. Pare de buscar os exemplos dos que interromperam sua caminhada para a frente, dos que se acomodaram, dos que não lutam mais para adquirir consciência, dos que não mais se alimentam dos frutos da árvore da consciência, dos que não querem ouvir o toque de avançar do clarim. Pare de tentar justificar sua angústia de crescer com os exemplos errados. Senão a vida real segue e você fica com a sua vida provisória, vida de mentirinha, que só pode levá-lo ao desespero.

– Será que eu ainda posso ter alguma esperança para a minha vida?

– Enquanto você estiver conversando comigo e com o Pequeno Príncipe, você pode mudar sua vida. Mas observe que o Pequeno Príncipe vai largá-lo, vai em busca de sua flor. Você vai ter de aprender a falar com ele em sonhos ou na imaginação ativa.

Quase em desespero, pedi-lhe:

– Mostre-me um caminho para a árvore da vida, por favor!

– Os caminhos não se repetem. Cada um tem o seu, individual, exclusivo. Você precisa encontrá-lo. Só posso lhe dizer que para mudar a sua vida você tem de se entregar totalmente a isso. Se você acha que pode escapar da vida refugiando-se no mundo do Pequeno Príncipe, vai ter uma desilusão. Chegar à árvore da vida requer dedicação total. Você se lembra da busca do Graal pelos cavaleiros da corte do Rei Artur? Deles, o mais preparado era Parsifal.

– Conte, conte – disse o Pequeno Príncipe, batendo as palmas das mãos e pulando, como sempre fazia quando o Velho Sábio prometia uma história. O Pequeno Príncipe parecia ser fã das histórias do Rei Artur, que já eram populares até mesmo em seu planeta.

Capítulo 22

A busca de Parsifal

— Vamos lá – disse o Velho Sábio. Prestem atenção, pois este é o mito do milênio.

– Mito do milênio?

– As histórias do ciclo arturiano começaram a se propagar no século XII e refletem o crescimento do individualismo no homem. Depois de vários séculos em um estado de *Participation Mystique* com a Igreja, o homem começa a se transformar em um indivíduo, e os mitos que surgem denotam esse fenômeno. Mas vamos ao mito – a busca do Graal. Existem, como em todos os mitos, versões que diferem em seus detalhes, ainda que a linha mestra seja a mesma.

PARSIFAL E A BUSCA DO GRAAL

Parsifal era uma criança protegida pela mãe. Seu pai, um cavaleiro, morreu em combate antes de o filho nascer, e a mãe de Parsifal, tentando evitar igual sorte para a criança, decidiu afastá-lo do mundo, protegê-lo, para que nunca se tornasse um cavaleiro como o pai. Levou-o para morar em uma casa no interior da floresta, onde pouco contato poderia ter com outros seres humanos.

Esse conceito de mãe superprotetora, ainda que exagerado no mito, acontece com alguma frequência, em maior ou menor grau, no mundo das supermães, que tentam criar seus filhos debaixo de suas saias.

A mãe de Parsifal, sendo de índole religiosa, ensinou-o que o amor divino é a salvação dos seres humanos. Um dia, passeando pela floresta, Parsifal chegou a uma clareira onde encontrou um cavaleiro, montado em um cavalo branco, vestindo uma linda armadura prateada que brilhava sob os raios do sol. Impregnado pelos ensinamentos religiosos da mãe, Parsifal, que nunca vira antes um cavaleiro, concluiu estar na presença de um ser divino. Mais admirado ficou ele quando aquele ser dirigiu-lhe a palavra e, declarando-se perdido, perguntou pelo caminho a seguir. Desfeita a ilusão – um ser divino não poderia desconhecer os caminhos –, Parsifal criou coragem para lhe fazer perguntas, e foi assim que, pela primeira vez, ouviu falar sobre os cavaleiros do Rei Artur e a Távola Redonda.

Esse encontro mudou a vida de Parsifal, que não conseguia pensar em outra coisa. Queria ser também um cavaleiro. As negativas de sua mãe só o tornavam mais determinado, e Parsifal tanto insistiu que obteve o consentimento dela para seguir em busca da corte do Rei Artur. Ela, porém, ainda lhe preparou uma armadilha, com esperança de que, rejeitado, o filho voltasse a viver com a mãe: vestiu-o com roupas de bufão, recomendando-lhe que jamais as tirasse. Esperava que, motivo de chacotas pela estranha indumentária, Parsifal voltasse às barras de sua saia.

Parsifal insistiu em seus propósitos, apesar das zombarias e chacotas e, em suas andanças em busca da corte de Artur, chegou a um castelo onde Gurnemanz, o senhor, simpatizou com sua ingenuidade e resolveu ser seu tutor. Instruiu-o nas regras da cavalaria, da cortesia e ensinou-lhe as artes marciais. Recomendou que sempre demonstrasse compaixão pelos que sofrem, mas lhe ofereceu também um ensinamento que foi crucial em sua história de vida: nunca importunar as pessoas com perguntas tolas.

A aplicação rígida deste preceito viria a ter impacto profundo na vida de Parsifal. Entretanto, antes de adquirir maturidade, Parsifal não poderia agir de modo diferente, pois a possibilidade de relativizar conceitos que só pode ser alcançada com a consciência adquirida com a vivência.

Depois de passar vários anos como aprendiz de Gurnemanz, Parsifal seguiu viagem em busca de seu sonho. Chegou à corte do Rei Artur, onde suas proezas e sua ingenuidade o distinguiram e garantiram sua sagração como um cavaleiro do rei.

Como cavaleiro, deveria correr o mundo defendendo os fracos e usando sua força em prol da justiça. E lá se foi Parsifal, imbuído destes nobres objetivos. Suas andanças o levaram a um país distante, em situação calamitosa, onde a terra não dava frutos, onde o povo sofria. Um velho rei habitava um castelo. O Rei Pescador, ferido na virilha por uma lança mágica, não conseguia viver, não conseguia morrer e só pescando podia ter alguns minutos de paz. E seu infortúnio se refletia em todo o país, em todos seus habitantes – as colheitas eram parcas, grassava a fome, as pestes atacavam o povo infeliz.

Parsifal chegou ao castelo, onde foi muito bem recebido. Convidado a ceia com o Rei, maravilhou-se com as belezas do palácio. Lindíssimas donzelas serviam acepipes de raro encanto e sabor, enquanto uma procissão desfilava em sua frente, carregando objetos que pareciam mágicos. Parsifal, encantado com a beleza das coisas que via, mas também penalizado com o sofrimento do Rei que o acolhera, queria saber por que o Rei sofria. Ia lhe perguntar o motivo de sua dor, demonstrar sua compaixão, quando se lembrou da recomendação de seu mentor – não fazer perguntas. Parsifal se calou, sem verbalizar sua compaixão pelo sofrimento real.

115

Com tanta riqueza, com tantos objetos preciosos, a procissão se encerrou com a apresentação de algo ainda mais valioso: um cálice, de uma beleza divina, que brilhava como um Sol – o Santo Graal. Parsifal quase esqueceu a recomendação de seu tutor. Queria saber para que servia objeto tão valioso, mas, novamente obedecendo aos preceitos do seu mentor, guardou para si a curiosidade. Para que servia o Graal? Parsifal teria que guardar muitos anos, e muitos sofrimentos, até saber.

A procissão se encerrou, a ceia terminou, e Parsifal foi conduzido aos seus aposentos. Acordou no dia seguinte deitado em um gramado, com seu cavalo ao lado. Do castelo, nem sombras. Confuso, com um forte sentimento de perda, Parsifal seguiu seu caminho. Fizera algo errado, mas não podia saber o quê. Sentira pena do rei enfermo, mas não externara sua compaixão, pois o conselho de seu tutor o impedira, porém, lembrava-se que Gurnemanz também falara sobre compaixão.

Parsifal não poderia ter agido de modo diferente. O ponto crucial é que ele ainda não estava preparado para abraçar o Graal. Aquele primeiro encontro tivera a finalidade de alimentar seu desejo de encontrá-lo, de marcar a fogo em sua mente aquela imagem divina, fazendo que sua ânsia por revê-la nunca esmaecesse.

Parsifal montou seu cavalo e seguiu viagem. Certo dia, encontrou uma donzela de rara beleza, a quem, como fazia a todos que via, perguntou pelo castelo. Sua resposta foi, de início, evasiva: tal castelo nunca existiu. Porém, ao ser informada de que Parsifal já lá estivera, não se conteve e exclamou:

– Homem infeliz! Estiveste de frente para sua salvação, para a salvação do reino, do povo sofredor que o habita, e nada fizeste?

– Eu tive muita pena do rei ferido.

– Pena? Demonstraste sua compaixão? Perguntaste ao rei o que o afligia? E o Graal que viste?

– Era lindo, era divino. Brilhava como o Sol.

– E não tu perguntaste a quem ele servia?

Sem responder, Parsifal abaixou a cabeça. A donzela continuou:

– Poucos, muito poucos, são escolhidos para ver o Graal. O jovem tolo teve oportunidade rara e a desperdiçou. Vais se arrepender disso pelo resto de tua vida.

A donzela desapareceu, deixando Parsifal no meio do deserto, determinado a encontrar novamente aquele castelo, a ter novo acesso àquele milagroso objeto. Sua vida ganhou um único tema, uma única direção – encontrar o Graal.

Quem é apresentado à visão beatífica o Graal, quem é um dia inoculado pelo desejo de se integrar ao Graal, desse anseio nunca mais se libertará.

Certo dia, quando já se preparava para dormir, avistou luzes brilhantes ao longe. Subiu novamente em seu cavalo e seguiu em direção às luzes, que pareciam se afastar à medida que ele avançava. Cavalgou por toda a noite e, quando o dia amanheceu, ainda se encontrava tão longe das luzes quanto no início de sua perseguição. Queria continuar, apesar do cansaço que o dominava, mas seu cavalo estava a ponto de desfalecer, e Parsifal teve que se resignar a interromper sua jornada. Depois de alimentar o cavalo, deitou-se na relva e foi cobrado pelo cansaço da jornada. Dormiu imediatamente, um sono sem sonhos.

Acordou, o Sol já se escondera. Á sua esquerda, a menos de cem metros, estava o castelo mágico. Levantou-se de um pulo, correu para ele, mas, para sua decepção, descobriu que precisava vencer um último obstáculo – passar por uma escada giratória, que se movimentava rapidamente ao redor do castelo. Sem saber o que fazer, em sua grande ânsia de rever o Graal, Parsifal fechou os olhos, respirou fundo e saltou sobre a escada quando um ruído indicou sua passagem. Seu salto o levou, milagrosamente, para dentro do castelo, indo ele cair no grande *hall* onde se iniciava a procissão do Graal.

Parsifal, maduro pela longa procura, condoeu-se do velho rei e, desta vez, não reprimiu sua compaixão – fez a pergunta certa:

– O que o aflige?

E, ao passar o milagroso cálice:

– Para que serve o Graal?

A resposta não se fez esperar:

– O Graal serve a tudo e a todos.

Parsifal, o jovem tolo que começara a jornada, compreendeu que o Graal representava seu lado divino – seu Self –, e que servia à totalidade da vida, a sua e a de todos. Parsifal havia conscientizado suas próprias trevas, integrado uma parte importante do seu Self, atingido a individualização.

Olhei para o Velho Sábio.

– Linda história. Mas como posso aprender alguma coisa com ela? Primeiro, explique-me: o que é o Graal?

– O cálice em que foi recolhido o sangue de Jesus na cruz. Trata-se do remédio para todos os males, porque representa o amor de Cristo pelos homens. O sacrifício, a doação, sua mensagem de solidariedade maior. Só o amor promove mudanças, curas e milagres.

– Qual o significado, qual a lição que podemos tirar dessa bonita história?

– Essa história mostra todo o caminho percorrido por Parsifal para atingir a consciência, para, na terminologia junguiana, individuar-se. Parsifal começa sua vida protegido pela mãe. Ele não conheceu seu pai, não sabe que tem sangue nobre. Em outras palavras, vive em estado de inconsciência, ligado à mãe.

– É o estado da criança pequena.

– Exatamente. Mas Parsifal foi mantido nesse estado além da idade normal. Sua mãe tinha medo de perdê-lo, como perdera o marido, morto em combate. Isso a levou a tentar mantê-lo inconsciente até uma idade além do normal. Este fenômeno acontece com algumas mães, que mantêm seus filhos sob sua saia mesmo quando crescidos. Eles ficam presos em um complexo materno forte, e seu ego nunca pode afirmar-se. Não se tornam indivíduos.

– Por quê?

– Porque, para que o ego se estruture e se torne forte, é necessária a influência do complexo paterno. No caso de Parsifal, com a morte de seu pai pessoal, o complexo paterno poderia ter sido resolvido por meio de relacionamentos fora do círculo materno. Mas sua mãe tentou isolá-lo desses contatos.

– Mas... Parsifal se libertou de sua mãe.

– Realmente. Porém, somente mais tarde, quando encontrou os cavaleiros, quando achou um tutor, Gurnemanz, e quando encontrou o eremita. Só então Parsifal é exposto ao complexo paterno.

– Ele teve sorte em encontrar os cavaleiros, que pensou serem reis, e ser sacudido por um desejo de ser igual a eles.

– Não acredito em sorte. É o corneteiro tocando avançar, e o mundo conspirando contra o corneteiro, fazendo Parsifal seguir seu caminho. Mesmo assim, sua mãe tentou mantê-lo próximo, vestindo-o com uma roupa de bufão e recomendando que ele nunca a tirasse. Ela esperava que, ridicularizado por sua vestimenta, ele retornasse à casa materna, à saia de sua mãe.

Capítulo 23

Mãe devoradora

— **E**SSA MÃE DE PARSIFAL ERA MALUCA? – PERGUNTOU O Pequeno Príncipe.

– Maluca, não. Inconsciente. Essa não é uma atitude incomum em muitas mães que, mesmo quando não podem evitar a partida de seus filhos, sonham com a sua volta. Algumas, mais inconsciente, até tramam essa volta, criando situações artificiais, brigando com suas noras e seus genros, tudo para trazer o filho de volta, para que continuem, como antes, dependentes delas.

– Que tipo de dependência?

– Financeira, por exemplo. Sentimento de dever. Existem casos de mães que ficam doentes para prender seus filhos e filhas próximos a elas, contando com o fato de que o sentimento de dever e de amor os fará voltar ao seio materno. Parsifal conseguiu se libertar. Ele encontrou um mestre, que o convenceu a trocar sua roupa, a partir seu cordão umbilical. Este mestre lhe ensinou as coisas do mundo, e o ego do Parsifal se distanciou do Self, para poder ganhar consistência. No mito, a mãe de Parsifal morre de desgosto. Morre por ele, Parsifal.

– Um filho deve matar a mãe?

– De uma maneira simbólica, sim. Jesus disse (Evangelho de Tomás): "Quem não odeia seu pai e sua mãe não pode ser meu discípulo. E quem não odeia seus irmãos e irmãs e não pega sua cruz como eu faço não é digno de mim."

– Essa é difícil de entender – disse o Pequeno Príncipe.

– Odeia pai e mãe? – perguntei, chocado.

O Velho Sábio, com um sorriso nos lábios, me respondeu:

– Essa afirmação dever ser entendida simbolicamente. Quando você é criança seus pais lhe parecem mais que humanos, semideuses. Eles lhe dão carinho e castigo, além de parecerem saber tudo. Nesta fase, o ego da criança está muito dependente do dos pais e não consegue se desenvolver. Para crescer, tem que buscar certa distância – simbolicamente, precisa odiar os pais. É o que se faz na adolescência, desvalorizando os pais, que, de semideuses, passam a bobos, quadrados, desatualizados. Essa fase é necessária para o fortalecimento do ego do ser humano e explica o conselho de que se deve odiar pai e mãe.

– Quer dizer que, durante a adolescência, para que possa fortalecer seu ego, o ser humano tem que menosprezar os pais? – Perguntei.

– Exatamente. Você já reparou como os adolescentes têm certeza de tudo e acham que os mais velhos não sabem de nada? Que estão ultrapassados, que não entendem a vida de hoje? Essa é uma fase necessária para o fortalecimento do ego.

– Uma vez – disse eu – li uma frase no para-choque de um carro: "Você tem problemas? Consulte meu adolescente."

– Não entendi – disse o Pequeno Príncipe.

– Ora, os adolescentes acham que sabem tudo na vida, quando, na realidade, ainda sabem muito pouco.

O Velho Sábio continuou:

– Realmente, Parsifal nunca se preocupou muito com a mãe. Seu mestre lhe ensinou muitas coisas. Porém, esses ensinamentos eram do mundo exterior. Parsifal, ainda vivendo a primeira metade da vida, não teria interesse em outros ensinamentos que não esses. Ele aprendeu a usar armas, a se defender do inimigo externo. No mundo moderno, isso corresponderia ao aprendizado nas escolas e no mercado de trabalho.

– Mas isso era pouco para conquistar o Graal.

– Exatamente. Quando teve sua primeira oportunidade, ele não soube fazer as perguntas certas. Muito preocupado com os ensinamentos formais do seu mestre, não perguntou nada.

– Depois disso, sua vida se complicou.

– Ele entrou em seu deserto. Podemos presumir que entrou na segunda metade da vida, quando os ensinamentos mundanos não são suficientes para alimentá-lo, para fazê-lo crescer. Parsifal precisava encontrar o Graal. A história fala que durante cinco anos ele vagou pela Terra, sem pensar em Deus, buscando aventuras.

– Acho que reconheço alguém assim – disse o Pequeno Príncipe, apontando para mim.

Eu ia retrucar, mas o Velho Sábio continuou:

– Parsifal sentiu que isso não o levaria a nada, e iniciou sua procura pelo Graal. Na primeira vez, ele chegou ao castelo sem muito esforço. Sorte de principiante. Na segunda, teve de se esforçar muito, chegando mesmo a arriscar a vida. Arriscar morrer para ganhar a vida.

– Engraçado! Arriscar morrer para ganhar a vida?

– Exatamente. Finalmente, a nova chance chegou, e Parsifal estava preparado. Fez as perguntas certas: O que era o Graal? A quem ele servia?

– Por que estas eram as perguntas certas? – indaguei.

– Na primeira chance, Parsifal só pensou em si. Não se sentiu tocado pela doença do rei. Não sentiu pena dele. Da segunda vez, já amadurecido pelos sofrimentos, ele sentiu o outro, sentiu a dor do rei como sua. A quem o Graal servia? A ele, Parsifal, ao rei doente, a todo o país que estava sofrendo, a toda a humanidade.

Fiquei alguns minutos parado, pensando, emocionado com aquela história tão significativa. Depois, falei:

– Linda história. Mas não me ensina como chegar lá.

– Com esse mito, você aprende que a busca é individual, cada um procura seu caminho, nunca antes percorrido.

– Isso é muito difícil.

– Nunca lhe disse que a vida é fácil. Só quero destacar um ponto importante. Existem vários caminhos para se chegar ao cume de uma montanha. Você pode subir pela face leste, ou oeste, ou norte ou sul. Qualquer delas, mas não todas elas. O melhor meio de se perder, e nunca chegar ao topo, é escolher um caminho e, na metade dele, voltar, por achar que outro possa ser melhor. E voltar para tentar outro, e voltar, e voltar. Assim, nunca se chega ao topo da montanha.

Com minha provisão de água refeita, naquele dia trabalhei duro e finalmente consertei meu avião. Eu estava salvo. Andei, o mais rápido que pude, até o poço, para levar a novidade ao meu amiguinho. Vi, de longe, o Pequeno Príncipe, sentado em um muro. Ele falava com alguém. Parei e escutei.

– Será que foi esse mesmo o lugar em que caí? – perguntou o Pequeno Príncipe.

Uma voz, vinda da parte inferior do muro, respondeu alguma coisa que não ouvi, e meu amiguinho retrucou:

– Tenho certeza de que amanhã é o dia certo, mas estou em dúvida quanto ao lugar. É importante começar minha viagem de retorno no mesmo ponto em que cheguei há um ano. Assim, voltarei sem errar ao meu planeta.

Então, meu amiguinho planejava ir embora? Chorando, procurei o Velho Sábio.

– Nosso amiguinho quer me largar.

– Você sempre soube que ele iria embora. Mas ele só lhe abandonará se você perder a vontade de sonhar.

– Mesmo assim, não consigo parar de chorar. Para voltar ao seu planeta, ele vai pedir que a cobra o mate. Ele vai morrer!

O Velho Sábio tentou me consolar:

– Nosso amiguinho não pode morrer. Ele é imortal.

– Mas ele vai voltar para a sua estrela. Não o verei mais.

– Meu amigo, entenda uma coisa; essa estrela está dentro de você, como nosso amiguinho, sua flor, seu carneiro e seus vulcões.

Aquela afirmação me deixou bem confuso.

– Mas... como posso falar com ele?

– Imaginação ativa, sonhos.

Naquela noite, ainda tentei convencer o Pequeno Príncipe a morar comigo na Terra.

– Você pode viver feliz. Eu posso lhe plantar um jardim cheio de rosas em minha casa.

– Em minhas andanças pela Terra, eu encontrei um jardim cheio de rosas. Todas maravilhosas. Mas elas não eram a minha rosa, que mora em meu planeta. Essas rosas estavam bem cuidadas; elas não precisavam de mim. Minha rosa só tem a mim para cuidar dela. Essa é a grande diferença.

– Você vai pedir para a cobra ajudá-lo a voltar para o seu planeta?

– Sim. Meu planeta é muito longe, e não dá para carregar esse corpo tão pesado.

– Não acredite em promessa de cobra, querido. Elas são traiçoeiras.

Nenhum de meus argumentos parecia convencê-lo. Resolvi continuar tentando. Se possível, mataria a cobra antes que ela fizesse seu trabalho.

Naquela noite, o Pequeno Príncipe saiu silenciosamente de perto de mim enquanto eu ainda terminava os últimos arranjos no avião. Tudo pronto. Pretendia voar com os primeiros raios de Sol, levando comigo meu amiguinho. Olhei para o lado. Onde estava ele?

Corri na direção do poço. Vi-o ao longe, caminhando em direção ao muro, onde morava a cobra. Fui em sua direção. Ele caminhava com passos rápidos, e tive de aumentar a velocidade para alcançá-lo. Quando cheguei perto, ele me disse:

– Que bom que consertaste teu avião. Assim, poderás partir.

– Por que não vem comigo? – pedi, já quase chorando.

– Não posso. Eu tenho uma flor para cuidar. E, por favor, não torne minha partida mais difícil ainda. Eu estou com medo. Mesmo assim, prefiro ir sozinho. Vai parecer que morri.

Eu nem conseguia falar, afogado pelas lágrimas. Ele tentava me consolar. Nem parecia que era ele quem iria morrer e eu, viver. Será que vale mesmo a pena viver? Será que deveria também pedir ajuda à cobra?

– Não chores – disse-me ele. – Quando olhares para o céu, verás minha estrela. E eu estarei acenando para ti.

De repente, estávamos perto do muro. Ele largou minha mão e deu um passo à frente. Foi como se um relâmpago amarelo atingisse sua perna. Meu querido amiguinho tombou vagarosamente, caindo em meus braços. Minhas lágrimas, que banhavam seu corpinho, foram a homenagem final que lhe prestei. Meu amiguinho morreu. Morreu e levou, junto consigo, uma parte de mim.

Capítulo 24

Quando o sonho termina

Seis anos já se foram. Meu avião saiu do deserto. Eu não. Como uma vez me disse o Velho Sábio, a quem jamais encontrei depois daquele tempo feliz, pode-se estar no deserto vivendo em Nova York ou em Paris. Talvez agora esteja mais conformado com a morte do Pequeno Príncipe. Será? Não é verdade. Toda noite olho para o céu. Fico esperando as altas horas da madrugada chegarem, quando as luzes da cidade se apagam, quando o céu é mais escuro, quando as estrelas brilham mais, e fico horas acenando para o meu amiguinho.

Será que ele me vê? Claro que não. Eu estou sozinho. Será que a flor ainda vive? Será que o carneiro não comeu a flor? Será que o vulcão que estava morto voltou a funcionar? Será? Será?

Confesso que nunca contei minha história para gente grande. Os adultos não a entenderiam. Desenhei o deserto e a estrela. Esta seria sempre minha imagem preferida, guardada no fundo de minha alma.

Estava com meus pensamentos voltados para meu amiguinho quando, do nada, como por milagre, apareceu perto de mim meu outro amigo, o Velho Sábio.

– Que alegria! Não pensei que o encontraria fora do deserto.

– Eu já lhe disse que você pode me encontrar sempre que quiser. Eu moro dentro de você. Mas é preciso que me procures.

Eu estava muito alegre com a sua presença para me preocupar por não entender o que ele queria dizer com aquelas palavras. Ele continuou:

– Vim, pois queria falar-lhe. Estou preocupado com você. Será que se esqueceu de nossas conversas?

O Velho Sábio percebeu, certamente lendo em minha fisionomia espantada, que não sabia exatamente a qual conversa ele se referia. Tivéramos tantas naqueles dias felizes do deserto. Talvez, por isso, ele tenha repetido:

– O caminho para se tornar como criança é para a frente. Comendo os frutos da árvore da consciência, você poderá chegar à árvore da vida. Só o vejo olhar para trás.

– Bem, não consigo esquecer nosso amiguinho.

– Não precisa esquecê-lo. Siga em frente. Você tem de vencer o deserto. Vou contar-lhe a história de Jô, uma das partes mais bonitas do Velho Testamento.

– Nunca entendi direito essa parte da Bíblia. Acho uma injustiça que Deus, para ganhar uma aposta com o Diabo, tenha feito Jô sofrer tanto.

– Depois de Jó, Deus mudou, tornou-se mais consciente.

– Isso é difícil de aceitar. Você pode me explicar melhor?

– Você se lembra do dr. Jung, o grande psicólogo suíço que nos visitou no deserto?

– Claro!

– Ele escreveu um estudo em que expõe as ideias que vou lhe passar. Ele o escreveu quando tinha 75 anos e disse, anos mais tarde, que gostaria de reescrever todos os seus livros. O único em que não encontrava defeito era exatamente sua *Resposta a Jó*.

– O senhor está me deixando curioso. Vamos, explique-me essa ideia.

– Primeiro, você precisa entender que Deus mudou ao longo do tempo. O Deus do Velho Testamento é o Deus completo. Nele, você encontra tanto o bem como o mal. Era um Deus justo e injusto, capaz de amor e ódio. Para distingui-lo do Deus do Novo Testamento, o Deus cristão, o Deus do amor, vamos chamar de Yahweh o Deus do Velho Testamento, como temos feito até aqui.

– Você quer dizer que Yahweh era mau?

– Yahweh era bom e mau, abrangia a totalidade. Portanto, dentro dele existiam o bem e o mal. Um dos patriarcas da Igreja, Clemente de Roma, ensinava que Deus cuidava do mundo com as mãos direita e esquerda. A direita, a mão do bem, era a de Cristo; a esquerda, do mal, de Satã. Posteriormente, depois dos embates com o Maniqueísmo, a Igreja desmentiu Clemente, postulando que Deus era exclusivamente bom. A religião cristã deixou de ser monoteísta, porque Satã não morreu. Ele continua a coexistir com Cristo, a parte boa de Deus. Ficou escondido em nosso inconsciente. Isto me lembra as palavras de Campbell que já mencionei: "Diabos são os anjos que reprimimos."

– Realmente, é difícil explicar como Deus permite tanta desgraça na Terra. Essa história de o homem ter escolha, esse tal de livre-arbítrio, isso nunca me convenceu.

– Infelizmente, o homem não pode se defender do seu inconsciente. Seu livre-arbítrio é limitado pela capacidade do seu consciente. Quanto mais conhecimentos – mais consciência – ele tiver absorvido, maior será seu livre-arbítrio.

– E o que está no inconsciente?

– Com relação a esse material, o homem não tem defesas. Seu livre-arbítrio não funciona.

– Por quê?

– Exatamente por ser inconsciente dele. É como se você estivesse lutando boxe com um adversário invisível. Como você poderia acertá-lo?

Capítulo 25

A história de Jó

PAREI UNS MINUTOS PARA PENSAR NO QUE O VELHO SÁBIO falara. Ele continuou:

– Relembrando a história, Jó era um homem muito rico e temente a Deus, que gabava ter nele um de seus melhores servos. Satanás desafiou Yahweh, dizendo que não era vantagem alguma que Jó o amasse tanto, considerando todas a benesses que o Senhor lhe propiciava.

Mas estende tu um pouco a tua mão, e toca em tudo que ele possui, e verás se ele não te amaldiçoa na tua mesma cara.

Disse, pois, o Senhor a Satanás: Olha, tudo o que ele tem está em seu poder; somente não estendas a tua mão contra ele, e Satanás saiu da presença do Senhor. (Jo 1: 11-12)

– Então, Satanás tirou de Jó todos os seus bens. Todos os seus bois, ovelhas, jumentos e camelos foram mortos. Matou também todos os seus filhos e filhas. Mesmo assim, Jó continuou a louvar o Senhor:

Nu saí do ventre de minha mãe, e nu tornarei para lá. O Senhor o deu, o Senhor o tirou; como foi do agrado do Senhor, assim sucedeu. Bendito seja o nome do Senhor. (Jo 1:21)

– Em seu segundo encontro – continuou o Velho Sábio –, Satanás não admitiu a derrota, dizendo que, se Deus lhe permitisse tocar em Jó, este o amaldiçoaria.

O homem dará pele por pele, e deixará tudo o que possui pela sua vida. Mas estende a tua mão e toca-lhe nos ossos e na carne, e então verás se ele não te amaldiçoa cara a cara.

Disse, pois, o Senhor a Satanás: Eis aqui, ele está debaixo da tua mão, mas guarda a tua vida. (Jo 2: 4-6)

– Jó foi, então, afligido por doenças terríveis – contou o Velho Sábio.

– Como é que um Deus que permite isso pode ser considerado um Deus bom? – perguntei.

– O que poderíamos dizer, para amenizar a situação, é que Ele é um Deus inconsciente. Por esse motivo, Jung diz que Deus precisa do homem para ganhar consciência.

– É uma ideia bem ousada essa.

– É verdade. Mas lembre-se de que Jung se referia ao Deus psicológico. Segundo ele, podemos distinguir três deuses. O do Antigo Testamento, Yahweh, o Deus total, que englobava o bem e o mal; o do Novo Testamento, o Deus do amor, que por englobar só um aspecto da totalidade forçou a repressão do mal, de Satanás, para o inconsciente. Finalmente, o Deus psicológico, o Self, que está dentro de nós.

– Este é bom ou mal?

– Este representa também a totalidade. A razão de encarnarmos na Terra, o objetivo de nossa vida, é absorver, conscientizar-nos de um pedaço do Self, que chamei de nossa parte divina.

– Por que não de todo ele?

– Porque é grande demais para nós. Lembre-se da história de São Cristóvão, que lhe contei. Se pudéssemos nos conscientizar da totalidade do Self, seríamos deuses. Há pessoas psicóticas que acham que são Jesus Cristo. Este é um estado de inflação psicológica.

– Temos de nos conscientizar também do mal.

– Sem dúvida. Se o mal, que está dentro do seu Self, ficar inconsciente, ele atuará, por meio de você, sem que você o controle. Porém, se estiver consciente desse mal, que se encontra dentro do seu Self, você pode escolher realizá-lo ou não. Com relação aos aspectos conscientes, você dispõe de livre-arbítrio. Pode escolher ou não fazer o mal, se estiver consciente dele. Caso esteja inconsciente, não tem escolha. Vai depender das circunstâncias. Dominado por sua emoção, não é você, seu ego, quem age, mas seu inconsciente.

– Gostaria que o senhor me explicasse isso melhor.

– Posse lhe dar como exemplo um fato relatado por Jung no livro *O homem e seus símbolos* (Nova Fronteira, 1996). Um nativo africano, irritado por não ter conseguido pegar qualquer peixe, dominado por uma forte emoção que bloqueava sua capacidade racional, estrangulou seu único filho, após o que foi dominado por forte remorso.

– Isso é um pouco demais, não acha? É chocante.

– Isso é a realidade. Quando estamos sob o domínio do inconsciente, não temos livre-arbítrio. Em condições normais, aquilo nunca aconteceria. Um pai nunca mataria um filho por uma causa tão fútil. Mas o inconsciente não é racional, e aquele pai estava, naquele momento, dominado pelo inconsciente.

– Difícil de acreditar.

– Pense um pouco. Quantas besteiras você já fez quando sob o domínio da emoção, quando você estava sendo dirigido por seu inconsciente? Você nunca ouviu falar de casos de assassinatos que ocorrem por simples discussões no trânsito? Você acha que levar uma fechada de outro carro deveria acabar em tiros?

– É. Isso acontece – precisei admitir.

– Por esse motivo, temos de lutar para adquirir mais e mais consciência, para absorver partes maiores do nosso inconsciente, evitando, assim, sermos possuídos por um complexo. Dessa forma, aproximamo-nos mais de uma relação criativa entre o ego e o Self.

– Conscientizarmo-nos de mais partes do nosso inconsciente?

– Já lhe falei diversas vezes sobre a inscrição no templo de Apolo, mas repito: "Conheça-se a si mesmo." Essa é a sua melhor proteção. Descubra suas fragilidades, suas vaidades, seus defeitos.

– Ainda não acredito que um pai mate um filho por uma causa tão fútil. Isso é coisa de um povo primitivo. Não é coisa de gente civilizada.

– Não acredita? Vou lhe contar outro caso. Este não aconteceu na África, mas em Campos, estado do Rio de Janeiro. Um jogo de futebol: Flamengo e Vasco disputando a final de um campeonato. Pai e filho ouvem o jogo pelo rádio. Quando Roberto, atacante do Vasco, faz um gol, o filho, vascaíno, grita de alegria. O pai, flamenguista, pega um martelo e bate forte na cabeça do filho, matando-o.

– Não acreidto.

– Não? Saiu nos jornais. Mesmo o homem, dito civilizado, é selvagem quando dominado por seu inconsciente.

Parei pra pensar. Que história chocante! Também a história de Jó era complicada de entender. Agora compreendida por que, no passado, a Igreja proibia a leitura do Velho Testamento por leigos. Lendo a Bíblia, fica impossível acreditar que Yahweh seja um Deus bom.

O Velho Sábio, olhando meu desenho do deserto, falou:

– Em seu desenho, o deserto parece morto, e só o que tem valor é a estrela. Assim, você não vai encontrar o seu Graal.

– Não faz mal. Estamos em uma guerra estúpida.

– Todas são.

– Não sei se vou sobreviver. Mas também não me importo. Livre do meu corpo pesado, talvez eu vá morar com o Pequeno Príncipe.

Epílogo

Saint-Exupéry publicou sua obra-prima em 1943. Em 31 de julho de 1944, voando em missão de reconhecimento, ele desapareceu. Acreditava-se que havia sido abatido por alemães. Os destroços de seu avião foram retirados do mar em abril de 2004. Conforme exame, os peritos deduziram que ele caíra em mergulho vertical. Nenhuma marca de bala foi encontrada no avião.

Será que Saint-Exupéry não aguentou mais viver longe de seu Pequeno Príncipe? Será que ele agora está feliz, brincando nos céus com seu amiguinho?

Pequena bibliografia comentada

LIVROS DE PSICOLOGIA JUNGUIANA

As ideias desenvolvidas neste livro têm sua base nos ensinamentos de C.G. Jung. Esse grande psicólogo suíço foi um dos maiores nomes do século XX. Tendo começado como discípulo preferido de Freud, superou o mestre e desenvolveu suas próprias teorias, que explicam, de forma criativa, o homem moderno e suas complexidades.

Para os que quiserem aprofundar seus conhecimentos de psicologia analítica, como ficou conhecida sua escola, sugerimos:

Edlinger, Edward. *Ego e arquétipo* (Cultrix, 1992).

Um dos mais importantes discípulos de Jung, Edinger nos apresenta as ideias básicas da psicologia junguiana, com uma profundidade maior do que a de *O homem e seus símbolos*. Seria um segundo livro, recomendado para quem quer se aprofundar nas ideias junguianas.

Jung, Carl G. *O homem e seus símbolos* (Nova Fronteira, 1996).
Trata-se de um livro para leigos, escrito por Jung e por alguns de seus colaboradores mais próximos. Serve de introdução para quem quer conhecer mais das lindas ideias junguianas.

Jung, Carl G. *Memórias, sonhos, reflexões* (Nova Fronteira, 2000).
Este é um livro de memórias e autobiografia que relata a vida interna e externa de Jung. Esse livro não requer do leitor conhecimentos prévios de psicologia.

Obras Completas de C.G. Jung (Vozes).
Para quem quiser ir fundo, bem fundo mesmo.

LIVROS DE MITOLOGIA

A psicologia junguiana é baseada em arquétipos. Estes, são retratados em mitos. Por esse motivo, os mitos são tão importantes para se entender as ideias de Jung. Joseph Campbell, amigo de Jung, foi um dos maiores, senão o maior, mitólogo do século XX.

Bierlein, J.F. *Mitos paralelos* (Ediouro, 2003).
Uma introdução aos mitos do mundo moderno.

Bulfinch, Thomas. *O livro de ouro da mitologia* (Ediouro, 2005).
Um dos clássicos da mitologia.

Campbell, Joseph. *As máscaras de Deus* (Palas Athena, 2003).
Um estudo completo dos mitos da humanidade, em quatro volumes: Mitologia Primitiva, Mitologia Oriental, Mitologia Ocidental e Mitologia Criativa.

Campbell, Joseph. *O poder do mito* (Palas Athena, 2005).

Baseado em uma série de entrevistas para a BBC, feitas por Bill Moyers, serve como introdução ao tema.

LIVROS DE INTERPRETAÇÃO PSICOLÓGICA DOS MITOS

Os mitos, como retratos da alma, nos ajudam a entender melhor nossa vida e amplificar as imagens de nossos sonhos. Alguns livros que tratam desse tema são:

Boechat, Walter. *Mitos e arquétipos do homem contemporâneo* (Vozes, 1995).

Discute a presença do mito na psicologia do homem dito "moderno".

Greene, Liz e Sharman-Burke, Juliet. *Uma viagem através dos mitos* (Jorge Zahar, 2000).

Os significados dos mitos como um guia para a vida.

Hollis, James. *Rastreando os deuses* (Paulus, 1998)

O lugar do mito na vida moderna.

LIVRO DE IMAGINAÇÃO ATIVA

A técnica de imaginação ativa está muito bem explicada em:

Johnson, Robert. *Imaginação ativa: inner work* (Mercuryo, 2003).

Este livro foi impresso na Divisão Gráfica da
DISTRIBUIDORA RECORD DE SERVIÇOS DE IMPRENSA S.A.
Rua Argentina, 171 - Rio de Janeiro/RJ - Tel.: 2585-2000